מגילת אסתר

Book of Esther

Megillah Esther

עברית ואנגלית

Hebrew and English

SimchatChaim.com

There is no known book without mistakes. Therefore, I ask in every language of application if anyone has any questions, comments, clarifications, corrections, please send to: simchatchaim@yahoo.com

All material used in this section may not be used for commercial purposes, but only for study and teaching.

To get this book or books and information Email me at:

simchatchaim@yahoo.com

Copyright©All Rights Reserved to

www.simchatchaim.com

Itzhak Hoki Aboudi ©All rights reserved to the Editor

מהדורה שניה תשפ"ד
Second edition 2024

Megillat Esther   מגילת אסתר

תוכן הספר

דף	פרק	תוכן
2		ברכות המגילה
3		היסטוריה של זמן המגילה
7		משפטי נירנברג
10		Judgment at Nuremberg
13	א'	
21	ב'	
31	ג'	
37	ד'	
43	ה'	
48	ו'	
54	ז'	
58	ח'	
65	ט'	
76	י'	

Megillat Esther / מְגִילַת אֶסְתֵּר

בָּרוּךְ אַתָּה ה׳, אֱלֹהֵינוּ מֶלֶךְ הָעוֹלָם, אֲשֶׁר קִדְּשָׁנוּ בְּמִצְוֹתָיו וְצִוָּנוּ עַל מִקְרָא מְגִלָּה.

בָּרוּךְ אַתָּה ה׳, אֱלֹהֵינוּ מֶלֶךְ הָעוֹלָם, שֶׁעָשָׂה נִסִּים לַאֲבוֹתֵינוּ בַּיָּמִים הָהֵם בַּזְּמַן הַזֶּה.

בָּרוּךְ אַתָּה ה׳ אֱלֹהֵינוּ מֶלֶךְ הָעוֹלָם. שֶׁהֶחֱיָנוּ וְקִיְּמָנוּ וְהִגִּיעָנוּ לַזְּמַן הַזֶּה.

מגילת אסתר

ידוע כי השם יתברך מתלבש בטבע, בצורה כזאת שכל פעולה שלו אפשר לראותה שהיא בחינה טבעית. אם זה בכל אחד באופן פרטי לאדם פרטי, או באופן כללי לכל בני ישראל. זאת הסיבה ש-**הטבע** הוא אותו גימטריא **אלהי"ם**. אבל בכל בחינת הטבע מתלבש באופן נפלא הקדוש ברוך הוא.

יש ספרים וסיפורים בתנ"ך שיש בהם ניסים גלויים, ויש ספרים וסיפורים שנראים שהם בבחינת טבעית, אשר מסתתרים בתוכם סודות נפלאים, ויד הקדוש ברוך הוא בהם.

מגילת אסתר היא ספר בתנ"ך, שכל כולו הוא סיפור טבעי, בלי יד הקדוש ברוך הוא. עם כל זאת בסיפור זה יש סודות נפלאים, ומלא בשמות של הקדוש ברוך הוא.

מְגִלַּת אֶסְתֵּר היא אחת מחמש המגילות שבחלק ה"כתובים" שבמקרא. היא מספרת את סיפור ניסיון השמדתם של יהודי ממלכת פרס בימי המלך אחשוורוש והצלתם. מאורע זה, לפי

המגילה, שימש יסוד לקביעת חג הפורים. במוקד המגילה עומדת מזימתו של המן האגגי, בכיר השרים בממלכה, להשמיד את כל היהודים, כשימולו עומדים מרדכי היהודי ובת דודתו, גם אשתו אסתר, אשר נבחרת בראשית הסיפור להיות למלכה, והודות למעמדה ותושייתה מצליחה לסכל את מזימתו של המן. על פי ההלכה, יש מצווה לקרוא את המגילה בחג פורים, בלילה וביום. מצווה זו נקראת - **מצוות מקרא מגילה.**

המגילה פותחת בסיפור על המשתה שעורך המלך אחשוורוש, בשנה השלישית למלכותו. המשתה נערך 180 יום ובו מוזמנים להשתתף כל תושבי הממלכה. ביום השביעי למשתה מזמין המלך את המלכה ושתי לאולם הגברים כדי להראות את יופייה בפני כל הנוכחים, רק עם כתר

מגילת אסתר
הקדמה

בראשה, כשהיא ערומה. ושתי מסרבת להזמנה, ומעלה את חמתו של המלך, שמחליט בעצת יועציו ובראשם המן, להוציא את המלכה ושתי להורג. ביום שלאחר סיום המשתה התפכח אחשוורוש והתחרט, אך לא יכול היה לבטל את החלטתו.

בעצת יועציו ממנה המלך שלחים למצוא מלכה, כמו שכתוב - "כל נערה בתולה טובת מראה" מרחבי הממלכה, במטרה למצוא למלך אישה חדשה. בין הנשים הרבות המובלות לשושן הבירה, נלקחת גם **אסתר** - הנקראת גם **הדסה**, יתומה יהודייה אשר גדלה תחת חסותו של דודה, יהודי בשם **מרדכי**, שגם התחתן עם אסתר.

במהרה הופכת אסתר למועמדת המועדפת על האחראי על ההרמון, בהוראת מרדכי אין היא חושפת את מוצאה היהודי, לאחר שאסתר נלקחת לארמון, ממשיך מרדכי לדאוג לשלומה, לאחר תהליך טיפוח ממושך שנמשך 12 חודשים, מובאות המועמדות בזו אחר זו אל המלך, בסופו של דבר נבחרת אסתר למלכה.

באותה עת היה מרדכי מסתובב בשער המלך, ועולה בידו לחשוף קנוניה של שניים משומרי הסף, בגתן ותרש, להתנקש בחיי המלך. הוא מודיע על כך לאסתר, וזו מודיעה למלך על הדבר בשם מרדכי. בגתן ותרש נתלים, ומעשהו של מרדכי נכתב בספר דברי הימים של המלכות, היא - וַיִּכָּתֵב בְּסֵפֶר דִּבְרֵי הַיָּמִים לִפְנֵי הַמֶּלֶךְ.[1]

באותה העת, מרומם המלך אחשוורוש את המן האגגי. כל אנשי החצר משתחווים להמן במצוות המלך, מלבד מרדכי, אשר "לא יכרע ולא ישתחווה". המן מתמלא חימה על חוצפתו של מרדכי, וכשנודע לו מוצאו אין הוא מוכן להסתפק בהריגתו, אלא מחליט להרוג את כל היהודים בממלכה. לצורך כך הוא מפיל פור - הטלת גורל, והיום הנבחר לביצוע תוכניתו יוצא י"ג באדר. המן מבקש את אישורו של המלך להשמיד את העם, ואחשוורוש מסכים ומעביר לו את טבעתו, החותם המלכותי, כדי שיחתום בשמו על הצו. כך נחתם הצו הקורא לכל העמים להתכונן ליום י"ג באדר המיועד, להשמיד ולבזוז את כל היהודים שבאימפריה הפרסית.

כשהגזירה נודעת למרדכי הוא קורע את בגדיו ויוצא לרחוב שעל יד שער המלך לבוש שק ואפר. הצו בינתיים מגיע גם ליתר היהודים

---

[1] אסתר ב כג

באימפריה שגם כן מתאבלים וצמים. מרדכי יוצר קשר עם אסתר ומנסה לשכנעה להשפיע על המלך שיבטל את הצו. זוהי משימה מסוכנת, שכן מי שניגש אל המלך ללא הזמנה חייב מיתה.

לאחר דין ודברים נענית אסתר לדרישתו של מרדכי, אך מבקשת שלפני כן יתענו כל יהודי שושן - כולל היא עצמה ונערותיה - שלושה ימים ושלושה לילות, בהם התפללו לישועה מה', אף שהדבר לא מפורש שם ה' במגילה בכלל. לאחר שלושת ימים אלו נכנסת אסתר לחצר המלך ללא הזמנה, אך המלך מכוון כלפיה את שרביטו כסימן לכך שהוא מתיר לה לגשת לכיסאו ולשוחח עמו, היא מתקבלת אצלו ומבקשת ממנו לערוך משתה אליו יזומן הוא יחד עם יועצו המן, במהלך המשתה שואל המלך את אסתר לבקשתה, אולם היא מבקשת מהמלך לקיים משתה נוסף אתו ועם המן למחרת היום, ובו תספר לו את בקשתה. המן שב אל ביתו מן המשתה הראשון כשהוא מרוצה, אך כשהוא פוגש במרדכי שמסרב להשתחוות בפניו הוא מתמרמר. בעצת זרש אשתו ואוהביו הוא מכין עץ בגובה חמישים אמה (כ-25 מטר) כדי לבקש מהמלך לתלות עליו את מרדכי כבר למחרת.

באותו לילה נודדת שנתו של המלך והוא מבקש שיקראו בפניו **בספר דברי הימים** של פרס. הספר נפתח באקראי במקום שבו מסופר על הצלתו מהתנקשותם של בגתן ותרש, ואחשוורוש מבקש לגמול למרדכי על המעשה. הוא מחליט להתייעץ עם יועציו, באותו רגע נכנס המן לארמון, שהגיע למקום באותה שעה כדי לבקש מן המלך לתלות את מרדכי על העץ שהכין.

אחשוורוש שואל אותו - מַה[2] לַעֲשׂוֹת בָּאִישׁ אֲשֶׁר הַמֶּלֶךְ חָפֵץ בִּיקָרוֹ. ומאחר שהמן סבור שהמלך מתכוון אליו, הוא מפרט בפניו שורה של מחוות כבוד יוצאות דופן, שכולם נגד חוקי המלכים עד ליום זה. הוא ביקש הלבשת האיש בבגדי המלך, הרכבתו על סוסו של המלך, והולכתו ברחובות העיר על ידי אחד משרי המלך הגבוהים ממנו תוך קריאה - כָּכָה[3] יֵעָשֶׂה לָאִישׁ אֲשֶׁר הַמֶּלֶךְ חָפֵץ בִּיקָרוֹ.

אחשוורוש מצווה על המן לעשות כפי שתיאר למרדכי, ושהוא עצמו יהיה השר שיוליכו ברחובות העיר. לאחר המעשה שב המן לביתו

[2] אסתר ו ו

[3] אסתר ו ט

ומספר לאשתו וליועציו על השפלתו, כאשר באותו זמן הבת שלו התאבדה, כאשר ראתה את הבזיון של אביה, והם עונים לו - אִם[4] מִזֶּרַע הַיְּהוּדִים מָרְדֳּכַי אֲשֶׁר הַחִלּוֹתָ לִנְפֹּל לְפָנָיו לֹא תוּכַל לוֹ כִּי נָפוֹל תִּפּוֹל לְפָנָיו.

בקושי מספיק המן לחזור אל ביתו מן המשימה המבזה, והוא מובהל בחזרה אל המשתה השני שעורכת אסתר, במשתה שואל אחשוורוש בפעם השלישית מהי בקשתה ויינתן לה עד חצי המלכות, אז מבקשת אסתר להציל את חייה ואת חיי עמה. אחשוורוש אינו מבין את פשר דבריה של אסתר ומבקש הסבר. בתגובה, מגלה אסתר את מוצאה היהודי ומצביעה על המן - אִישׁ[5] צַר וְאוֹיֵב, הָמָן הָרָע הַזֶּה. המלך קם בכעס ויוצא אל הגינה, והמן מנסה לנצל זמן זה על-מנת לבקש את נפשו מאסתר אך בטעות נופל למרגלות מיטתה בדיוק כשאחשוורוש חוזר מהגינה. כאשר חוזר המלך ומוצא את המן בתנוחה מעין-אינטימית זו עם המלכה, מתגבר כעסו. בדיוק אז מגיע חרבונה, אחד מסריסי המלך, ומצביע על העץ אשר הכין המן למרדכי, מצילו של המלך. המלך מצווה ללא שהיות לתלות את המן עליו - על ששלח ידו ביהודים, ורק אז נרגע אחשוורוש מכעסו.

המלך נותן לאסתר את בית המן, וכשנודעת לו קרבתו של מרדכי לאסתר, אף מעביר את טבעתו אשר עד אז הייתה אצל המן - למרדכי. אסתר ממנה את מרדכי כאחראי על בית המן ומתחננת לפני המלך להחזיר את ספרי הגזירה שנשלחו לכל רחבי הממלכה. אחשוורוש בתגובה אומר כי בעקבות בקשתו להשמיד את היהודים, ייתן בידיהם לנקום ולתלות את המן על העץ, אך שאין באפשרותו של איש להשיב את צו המלך שכבר נכתב, נחתם ונשלח בשם המלך.

---

[4] אסתר ו יג

[5] אסתר ו יג

מגילת אסתר משפטי נירנברג Megillat Esther

משפטי נירנברג

מה כבר יש לספר על עשרת בני המן, הכל ידוע. הם היו הבנים של המן, ובסוף תלו אותם. אבל מסתבר שזה לא כל הספור.
במגילה מוזכר שהיהודים שנאספו להכות באויביהם, הרגו בשושן הבירה את עשרת בני המן המופיעים שם בשמותיהם. מדוע אם כן, מתחננת אסתר לפני המלך לאחר מכן שיתלו את עשרת בני המן, מתוך 216 ילדים שיש להמן.
מדוע צריך היה להרוג אותם פעמיים.
שאלה נוספת - במשך כל ההיסטוריה הופיעו במגילת אסתר, בין השמות של עשרת בני המן שלוש אותיות זעירות בפסוקים אלו:

ובשושן הבירה הרגו היהודים ואבד חמש מאות איש: ואת

פרשנדתא	**ואת**
דלפון	**ואת**
אספתא	**ואת**
פורתא	**ואת**
אדליא	**ואת**
ארידתא	**ואת**
פרמשתא	**ואת**
אריסי	**ואת**
ארידי	**ואת**
ויזתא	**עשרת**

בני המן בן המדתא צורר היהודים הרגו.

שלוש האותיות **ת ש ז** היו קטנות מן האחרות, ואיש לא ידע מדוע.

במשך דורות היו הסברים שונים לענין, אולם את ההסבר המודרני של הדור האחרון, שעונה על שתי השאלות יחד, אי אפשר היה להמציא: כשנתלו עשרת בני המן בפעם השניה, זה קרה ב-1946.

לא, זו אינה טעות. **תש"ז** זו השנה על פי הלוח העברי שבה הוצאו להורג עשרת בני המן בפעם השניה.

משפט נירנברג

בשנת תש"ז, נשפטו והוצאו להורג עשרה מבכירי צמרת הפושעים הנאציים שנתפסו על ידי בעלות הברית (ארה"ב, בריטניה, צרפת ורוסיה). המשפט שפורסם אז בכל העולם, ידוע עד היום בשם משפט נירנברג על שם העיר בה נערך. בית המשפט הורכב על ידי בעלות הברית שקיימו בגרמניה הכבושה שלטון צבאי זמני וישבו בראשו שמונה שופטים אמריקאים, בריטים, צרפתים ורוסים.

למעשה נלכדו עשרות פושעי מלחמה נאציים, אך לא העמידו את כולם לדין. משפט נירנברג נועד להיות משפט ראווה שבו רצו בעלות הברית לפרסם בעולם שהצדק חזר לנצח את כוחות הרשע. לכן בחרו רק את הפושעים הגדולים ביותר.

כל הפוליטיקאים הדיפלומטים ואנשי הצבא המובילים שנתפסו על ידי בנות הברית לאחר המלחמה, נכלאו במחנה שנקרא בשם "עשן" (Ashcan) ומתוכם נבחרו אחר-כך 15 פושעים עיקריים למשפט נירנברג. אלו שנתפסו על ידי הרוסים, זכו לטפול הרבה פחות נעים עם חקירות בסגנון הרוסי הידוע, ואחר כך הוסגרו לבית המשפט הצבאי הבינלאומי בנירנברג, שהוקם במיוחד לצורך משפט זה.

רשימת הנאשמים פורסמה באוגוסט 1945 וכללה 24 שמות (מתוכם שניים שלא בפניהם). ישיבת הטריבונל הראשונה נערכה ב-18 לאוקטובר 1945 ובה הוכרז תאריך תחילת המשפט ה-20 בנובמבר 1945. ב-19 באוקטובר הוגש לנאשמים כתב האישום ורשימת עורכי דין. כתב האישום הוגש על ידי משלחת שלמה שכללה את מפקד בית הסוהר, הפסיכיאטר שליווה את הנאשמים הכומר ומתורגמן.

עם הגשת כתב האישום פרץ הנס פרנק בבכי. הפושע שהיה אחראי על שילוח ורציחת היהודים בכל רחבי פולין ועוד פשעים, ראה את עצמו זכאי. כמוהו הצהירו גרינג, ריבנטרופ, רוזנברג, שיוארך זאוקל יודל, שכט, ופריטשה לא אשמים. פפן אף הוסיף - בשום אופן אינני אשם. הס צרח - 'לא' בגרמנית בקול גדול. והיו שנשבעו בשמיים שאינם אשמים.

למרות נסיונות לעיכוב, המשפט נפתח כמתוכנן וארך עשרה חדשים. לפני פתיחתו ולאורך כל המשפט ליוו את הנאשמים פסיכולוגים שבדקו את שפיותם כדי לדעת אם הם ראויים להישפט. לאחר שמיעת העדויות שכללו הצגת סרטים מקוריים שצולמו במחנות הריכוז, נשאו הנאשמים ב-31 באוגוסט 1946 את נאומיהם האחרונים.

ב-30 בספטמבר 1946 הגיעו מכוניות ממוגנות ובהן שוטרים צבאיים אמריקאים והתפרשו סביב ארמון הצדק. כל העיר היתה מוקפת ברכבים צבאיים, הדרכים היו חסומות והנכנסים לעיר נעצרו ונבדקו.
רק אלו שקבלו אישורים מיוחדים הורשו להכנס לאולם המשפט. ביום זה עמדו הנאשמים במשפט נירנברג, לקבל פסק דין מבית המשפט הצבאי הבינלאומי.
בתום מתן פסק דין שהכריז על שלושה מתוך שבעה ארגונים נאציים כארגונים פושעים, הגיעו השופטים לידי פסק דין לגבי 21 הנאשמים:
שלושה זוכו: שאכט, פון פפן ופריטשה.
שבעה נידונו למאסר לתקופות שונות: הס, רדר ופונק נדונו למאסר עולם. דוניץ נידון לעשר שנים. פון נויראת נידון לחמש עשרה שנים, פון שיראך ושפר נידונו לעשרים שנים.
נותרו אחד עשר פושעים נאציים שעמדו לקבל את עונשם במוות בתלייה.
מאחד עשר יוצא אחד, בלילה שלפני התליה, נשמעו קולות פטישים ומסורים מאולם ההתעמלות של הכלא. לאסירים לא נמסר שהם עומדים למות לאחר חצות. שפר, שנידון למאסר, חשב שעורכים תיקונים, ורק אחר כך תפס למה מיועדת עבודת הנגרות הזאת. ברבע לאחד עשרה בלילה נשמעו צעקות מסוף המסדרון. השומר הציץ לתא של גרינג, ומצא אותו בשלבי גסיסה. ממכתבים שהשאיר אחריו המתאבד נודע שהיו ברשותו גלולות ציאניד אותן החביא. גם הוא שמע את קול הקמת הגרדום, והסיק את מסקנותיו. עוד אחד מהנידונים למוות ירד מהחשבון. "כמה אופייני," אמרו האנשים ברחוב כששמעו, "הוא תפס את מרכז הבמה לעצמו לבד כמו תמיד."
נותרו עשרה נידונים.
סוף פושעים לתלייה, ברבע לחצות, העירו את עשרת הנידונים והגישו להם סעודה אחרונה. לאחריה, נאמר להם שהם עומדים למות, וציוו עליהם להתלבש. כולם צייתו מלבד שטרייכר, שהיה צורך להכריח אותו להתלבש.
משעה אחת בלילה, הובלו הנידונים בסדר קבלת פסק הדין לתליה. כשהגיע תורו של שטרייכר, הוא צעק: "**עכשיו אני הולך אל א-לוהים. חגיגת פורים 1946**!"
אם היה ספק למישהו שהנאצים הם בני המן המודרנים, בא שטרייכר האנטישמי הגדול והודה שגם הפושעים ראו את עצמם כבני המן.
נשים לב גם לשתי העובדות:
א. העשרה הומתו בתליה, כפי שבקשה אסתר המלכה לאחר הריגת בני המן הראשונים על-ידי היהודים בני תקופתה.
ב. עשרת הפושעים הנאצים הומתו בשנת תש"ז, כמרומז במגילת אסתר, שהיא שנת 1946 הלועזית. והומתו ע ידי התלין שנקרא WOOD שזה עץ באנגלית
יהי רצון שכן יאבדו כל אויביך ישראל.

Megillat Esther Judgment at Nuremberg

Judgment at Nuremberg: A Purim to Remember

On October 16, 1946, ten of the highest-ranking Nazi officers of Hitler's Germany were put to death. Three more were given life sentences (Rudolf Hess, the last surviving relic of the trials, died in Spandau Prison in 1987 at the age of 93), four were imprisoned for up to twenty years, and three were acquitted.

After 216 court sessions the International Military Tribunal, convened specially for this purpose, disbanded itself and later in that day the ashes of the men responsible for the Holocaust were scattered into a little brook in Munich-Solln, and thereupon vanished forever. The true horror of Nazism had been revealed to the world every day for almost a year, and now the grimmest chapter in the history of the civilized world was all but closed. While the ashes of Hitler's top politicians and officers have disappeared into oblivion, not many people are aware of a more divine significance of this historic event, one connected to an episode in Persia over 2,500 years ago.

When King Ahasuerus, then the most powerful man on earth, offered to grant Queen Esther whatever she desired for having saved his life, she replied, "If it please the king, let it tomorrow also be granted to the Jews who are in Shushan to do according to the law of this day, and let the 10 sons of Haman be hanged on the gallows".

This is a remarkable request since Haman's 10 sons had already been killed by the sword in the citadel of Susa (Esther 9:6-14). Nevertheless, in accordance with Esther's wishes their 10 dead bodies were hanged. In the Apocryphal Greek version of Esther, chapter 9 verses 13-14 reads: And Esther said to the king, "Let the

Megillat Esther Judgment at Nuremberg

Jews be allowed to do the same tomorrow. Also, hang up the bodies of Haman's 10 sons." So he permitted this to be done, and handed over to the Jews of the city the bodies of Haman's sons to hang up.

When the Megilla Esther was written, the names of the 10 sons of Haman who were hanged are enumerated. In the Hebrew text, the letters of the names are several times larger than the regular text. Yet, in the second, eighth and eleventh entry in the list, there are three letters; Tav, Shin and Zayn which are only one-half the size of the regular text. This mysterious order has been followed every since. The numerical value of the three diminished letters equals 707.

The Nuremberg Trials ended on October 1, 1946, which corresponded with the Jewish year of 5706. However, the due process of law meant the sentences of the convicted men could not be passed down until after appeals for clemency, of which there were many, had been heard. Finally, the sentences were pronounced. The Jewish New Year had arrived in the interim-it was 5707.

Twelve Nazis were meant to hang-although the method of execution might equally as well have been the firing squad-but Martin Bormann had escaped at the end of the war and was sentenced to death in absentia, and Herman Goering committed suicide two hours before his destined execution, leaving 10 condemned men.

In the early hours of October 16, 1946 during a 90-minute period, these 10 top Nazis went to their death on the gallows. The guards, with precise, ruthless efficiency brought them in one by one to deliver their last words and die. Only Julius Streicher went without dignity. His appearance happened at 2:11 a.m. He had to be pushed across the floor, wild-eyed and screaming, "Heil Hitler!" Mounting the steps, he cried out: "and now I go to God." He was pushed the last two steps to the mortal spot beneath the hangman's rope. Streicher swung around to face the witnesses

Megillat Esther Judgment at Nuremberg   אסתר מגילת

and glared at them. Suddenly he screamed "Purim Fest 1946!" Then he was hanged.

The Megilla Esther had predicted that just as these 10 sons, descendants of Amalek and enemies of the Jews, were hanged, so again in the year 5707 (1946) would 10 other children of Haman be hanged.

The day of the early morning executions the front-page headlines of the October 16, 1946 Late City Edition of The New York Times broke the story of what had just happened. In another strange twist, this was the day of Hoshana Raba.

…"On the seventh day of the Succot Holiday (Hoshana Raba), the judgement of the nations of the world is finalized. Sentences are issued from the residence of the King. Judgements are aroused and executed on that day." Zohar Vayikra 31b

Megillat Esther — מְגִילַת אֶסְתֵּר

פֶּרֶק א'

(א) וַיְהִי בִּימֵי אֲחַשְׁוֵרוֹשׁ הוּא אֲחַשְׁוֵרוֹשׁ הַמֹּלֵךְ מֵהֹדּוּ וְעַד כּוּשׁ שֶׁבַע וְעֶשְׂרִים וּמֵאָה מְדִינָה:

Now it came to pass in the days of Ahasuerus this is Ahasuerus who reigned, from India even unto Ethiopia, over a hundred and seven and twenty provinces.

(ב) בַּיָּמִים הָהֵם כְּשֶׁבֶת ׀ הַמֶּלֶךְ אֲחַשְׁוֵרוֹשׁ עַל כִּסֵּא מַלְכוּתוֹ אֲשֶׁר בְּשׁוּשַׁן הַבִּירָה:

that in those days, when the king Ahasuerus sat on the throne of his kingdom, which was in Shushan the castle.

(ג) בִּשְׁנַת שָׁלוֹשׁ לְמָלְכוֹ עָשָׂה מִשְׁתֶּה לְכָל שָׂרָיו וַעֲבָדָיו חֵיל ׀ פָּרַס וּמָדַי הַפַּרְתְּמִים וְשָׂרֵי הַמְּדִינוֹת לְפָנָיו:

in the third year of his reign, he made a feast unto all his princes and his servants, the army of Persia and Media, the nobles and princes of the provinces, being before him.

(ד) בְּהַרְאֹתוֹ אֶת עֹשֶׁר כְּבוֹד מַלְכוּתוֹ וְאֶת יְקָר
תִּפְאֶרֶת גְּדוּלָּתוֹ יָמִים רַבִּים שְׁמוֹנִים וּמְאַת יוֹם׃

when he showed the riches of his glorious kingdom and the honour of his excellent majesty, many days, even a hundred and fourscore days.

(ה) וּבִמְלוֹאת ׀ הַיָּמִים הָאֵלֶּה עָשָׂה הַמֶּלֶךְ לְכָל
הָעָם הַנִּמְצְאִים בְּשׁוּשַׁן הַבִּירָה לְמִגָּדוֹל וְעַד קָטָן
מִשְׁתֶּה שִׁבְעַת יָמִים בַּחֲצַר גִּנַּת בִּיתַן הַמֶּלֶךְ׃

And when these days were fulfilled, the king made a feast unto all the people that were present in Shushan the castle, both great and small, seven days, in the court of the garden of the king's palace.

(ו) חוּר ׀ כַּרְפַּס וּתְכֵלֶת אָחוּז בְּחַבְלֵי בוּץ וְאַרְגָּמָן
עַל גְּלִילֵי כֶסֶף וְעַמּוּדֵי שֵׁשׁ מִטּוֹת ׀ זָהָב וָכֶסֶף עַל
רִצְפַת בַּהַט וָשֵׁשׁ וְדַר וְסֹחָרֶת׃

there were hangings of white, fine cotton, and blue, bordered with cords of fine linen and purple, upon silver rods and pillars of marble, the couches were of gold and silver, upon a pavement of green, and white, and shell, and onyx marble.

(ז) וְהַשְׁקוֹת בִּכְלֵי זָהָב וְכֵלִים מִכֵּלִים שׁוֹנִים וְיֵין
מַלְכוּת רָב כְּיַד הַמֶּלֶךְ׃

Megillat Esther
פרק א'

מְגִילַת אֶסְתֵּר

And they gave them drink in vessels of gold the vessels being diverse one from another and royal wine in abundance, according to the bounty of the king.

(ח) וְהַשְּׁתִיָּה כַדָּת אֵין אֹנֵס כִּי כֵן ׀ יִסַּד הַמֶּלֶךְ עַל כָּל רַב בֵּיתוֹ לַעֲשׂוֹת כִּרְצוֹן אִישׁ וָאִישׁ:

And the drinking was according to the law. none did compel, for so the king had appointed to all the officers of his house, that they should do according to every man's pleasure

(ט) גַּם וַשְׁתִּי הַמַּלְכָּה עָשְׂתָה מִשְׁתֵּה נָשִׁים בֵּית הַמַּלְכוּת אֲשֶׁר לַמֶּלֶךְ אֲחַשְׁוֵרוֹשׁ:

Also Vashti the queen made a feast for the women in the royal house which belonged to king Ahasuerus

(י) בַּיּוֹם הַשְּׁבִיעִי כְּטוֹב לֵב הַמֶּלֶךְ בַּיָּיִן אָמַר לִמְהוּמָן בִּזְּתָא חַרְבוֹנָא בִּגְתָא וַאֲבַגְתָא זֵתַר וְכַרְכַּס שִׁבְעַת הַסָּרִיסִים הַמְשָׁרְתִים אֶת פְּנֵי הַמֶּלֶךְ אֲחַשְׁוֵרוֹשׁ:

On the seventh day, when the heart of the king was merry with wine, he commanded Mehuman, Bizzetha, Harbona, Bigtha, and Abagtha, Zethar, and Carcas, the seven chamberlains that ministered in the presence of Ahasuerus the king.

(יא) לְהָבִיא אֶת וַשְׁתִּי הַמַּלְכָּה לִפְנֵי הַמֶּלֶךְ בְּכֶתֶר מַלְכוּת לְהַרְאוֹת הָעַמִּים וְהַשָּׂרִים אֶת יָפְיָהּ כִּי טוֹבַת מַרְאֶה הִיא׃

to bring Vashti the queen before the king with the crown royal, to show the peoples and the princes her beauty, for she was fair to look on.

(יב) וַתְּמָאֵן הַמַּלְכָּה וַשְׁתִּי לָבוֹא בִּדְבַר הַמֶּלֶךְ אֲשֶׁר בְּיַד הַסָּרִיסִים וַיִּקְצֹף הַמֶּלֶךְ מְאֹד וַחֲמָתוֹ בָּעֲרָה בוֹ׃

But the queen Vashti refused to come at the king's commandment by the chamberlains, therefore was the king very wroth, and his anger burned in him.

(יג) וַיֹּאמֶר הַמֶּלֶךְ לַחֲכָמִים יֹדְעֵי הָעִתִּים כִּי-כֵן דְּבַר הַמֶּלֶךְ לִפְנֵי כָּל יֹדְעֵי דָּת וָדִין׃

Then the king said to the wise men, who knew the times--for so was the king's manner toward all that knew law and judgment

(יד) וְהַקָּרֹב אֵלָיו כַּרְשְׁנָא שֵׁתָר אַדְמָתָא תַרְשִׁישׁ מֶרֶס מַרְסְנָא מְמוּכָן שִׁבְעַת שָׂרֵי | פָּרַס וּמָדַי רֹאֵי פְּנֵי הַמֶּלֶךְ הַיֹּשְׁבִים רִאשֹׁנָה בַּמַּלְכוּת׃

And the next unto him was Carshena, Shethar,

Admatha, Tarshish, Meres, Marsena, and Memucan, the seven princes of Persia and Media, who saw the king's face, and sat the first in the kingdom.

(טו) כְּדָת מַה לַּעֲשׂוֹת בַּמַּלְכָּה וַשְׁתִּי עַל ׀ אֲשֶׁר לֹא
עָשְׂתָה אֶת מַאֲמַר הַמֶּלֶךְ אֲחַשְׁוֵרוֹשׁ בְּיַד
הַסָּרִיסִים:

What shall we do unto the queen Vashti according to law, forasmuch as she hath not done the bidding of the king Ahasuerus by the chamberlains.

(טז) וַיֹּאמֶר מְמוּכָן[1] לִפְנֵי הַמֶּלֶךְ וְהַשָּׂרִים לֹא עַל
הַמֶּלֶךְ לְבַדּוֹ עָוְתָה וַשְׁתִּי
הַמַּלְכָּה כִּי עַל כָּל הַשָּׂרִים
וְעַל כָּל הָעַמִּים אֲשֶׁר בְּכָל
מְדִינוֹת הַמֶּלֶךְ אֲחַשְׁוֵרוֹשׁ:

And Memucan answered before the king and the princes: 'Vashti the queen hath not done wrong to the king only, but also to all the princes, and to all the peoples, that are in all the provinces of the king Ahasuerus.

(יז) כִּי יֵצֵא דְבַר הַמַּלְכָּה עַל כָּל הַנָּשִׁים לְהַבְזוֹת
בַּעְלֵיהֶן בְּעֵינֵיהֶן בְּאָמְרָם הַמֶּלֶךְ אֲחַשְׁוֵרוֹשׁ אָמַר

---

[1] כתיב – מומכן.

לְהָבִיא אֶת וַשְׁתִּי הַמַּלְכָּה לְפָנָיו וְלֹא בָאָה׃

המלכה ושתי, נידונה לחניקה

For this deed of the queen will come abroad unto all women, to make their husbands contemptible in their eyes, when it will be said: The king Ahasuerus commanded Vashti the queen to be brought in before him, but she came not.

(יח) וְהַיּוֹם הַזֶּה תֹּאמַרְנָה ׀ שָׂרוֹת פָּרַס וּמָדַי אֲשֶׁר
שָׁמְעוּ אֶת דְּבַר הַמַּלְכָּה לְכֹל שָׂרֵי הַמֶּלֶךְ וּכְדַי
בִּזָּיוֹן וָקָצֶף׃

And this day will the princesses of Persia and Media who have heard of the deed of the queen say the like unto all the king's princes. So will there arise enough contempt and wrath.

(יט) אִם עַל הַמֶּלֶךְ טוֹב יֵצֵא דְבַר מַלְכוּת מִלְּפָנָיו
וְיִכָּתֵב בְּדָתֵי פָרַס וּמָדַי וְלֹא יַעֲבוֹר אֲשֶׁר לֹא
תָבוֹא וַשְׁתִּי לִפְנֵי הַמֶּלֶךְ אֲחַשְׁוֵרוֹשׁ וּמַלְכוּתָהּ יִתֵּן
הַמֶּלֶךְ לִרְעוּתָהּ הַטּוֹבָה מִמֶּנָּה׃

If it please the king, let there go forth a royal commandment from him, and let it be written among the laws of the Persians and the Medes, that it be not altered, that Vashti come no more

Megillat Esther

פרק א׳ מגילת אסתר

before king Ahasuerus, and that the king give her royal estate unto another that is better than she.

(כ) וְנִשְׁמַע פִּתְגָם הַמֶּלֶךְ אֲשֶׁר יַעֲשֶׂה בְּכָל מַלְכוּתוֹ כִּי רַבָּה הִיא וְכָל הַנָּשִׁים יִתְּנוּ יְקָר לְבַעְלֵיהֶן לְמִגָּדוֹל וְעַד קָטָן:

And when the king's decree which he shall make shall be published throughout all his kingdom, great though it be, all the wives will give to their husbands honour, both to great and small.

(כא) וַיִּיטַב הַדָּבָר בְּעֵינֵי הַמֶּלֶךְ וְהַשָּׂרִים וַיַּעַשׂ הַמֶּלֶךְ כִּדְבַר מְמוּכָן:

And the word pleased the king and the princes, and the king did according to the word of Memucan.

(כב) וַיִּשְׁלַח סְפָרִים אֶל כָּל מְדִינוֹת הַמֶּלֶךְ אֶל מְדִינָה וּמְדִינָה כִּכְתָבָהּ וְאֶל עַם וָעָם כִּלְשׁוֹנוֹ לִהְיוֹת כָּל אִישׁ שֹׂרֵר בְּבֵיתוֹ וּמְדַבֵּר כִּלְשׁוֹן עַמּוֹ:

for he sent letters into all the king's provinces, into every province according to the writing thereof, and to every people after their language, that every man should bear rule in his own house, and speak according to the language of his people.

המן נושא מאזנים בהם שקל את ערך היהודים, לאבדם

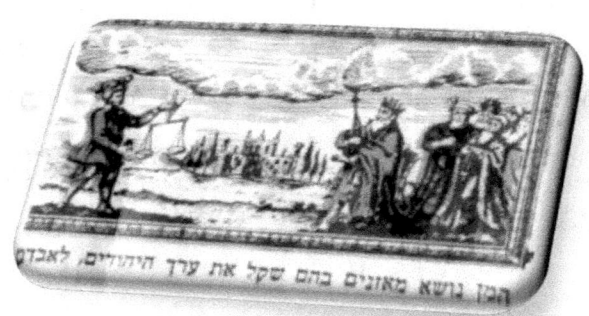

מְגִילַת אֶסְתֵּר / Megillat Esther

פרק ב'

(א) אַחַר֙ הַדְּבָרִ֣ים הָאֵ֔לֶּה כְּשֹׁ֕ךְ חֲמַ֖ת הַמֶּ֣לֶךְ אֲחַשְׁוֵר֑וֹשׁ זָכַ֣ר אֶת־וַשְׁתִּ֗י וְאֵ֛ת אֲשֶׁר־עָשָׂ֖תָה וְאֵ֥ת אֲשֶׁר־נִגְזַ֖ר עָלֶֽיהָ׃

After these things, when the wrath of king Ahasuerus was assuaged, he remembered Vashti, and what she had done, and what was decreed against her.

(ב) וַיֹּאמְר֥וּ נַעֲרֵֽי־הַמֶּ֖לֶךְ מְשָׁרְתָ֑יו יְבַקְשׁ֥וּ לַמֶּ֛לֶךְ נְעָר֥וֹת בְּתוּל֖וֹת טוֹב֥וֹת מַרְאֶֽה׃

Then said the king's servants that ministered unto him: Let there be sought for the king young virgins fair to look on.

(ג) וְיַפְקֵ֨ד הַמֶּ֣לֶךְ פְּקִידִים֮ בְּכָל־מְדִינ֣וֹת מַלְכוּתוֹ֒ וְיִקְבְּצ֣וּ אֶת־כָּל־נַעֲרָֽה־בְ֠תוּלָ֠ה טוֹבַ֨ת מַרְאֶ֜ה אֶל־שׁוּשַׁ֤ן הַבִּירָה֙ אֶל־בֵּ֣ית הַנָּשִׁ֔ים אֶל־יַ֥ד הֵגֶ֛א סְרִ֥יס הַמֶּ֖לֶךְ שֹׁמֵ֣ר הַנָּשִׁ֑ים וְנָת֖וֹן תַּמְרוּקֵיהֶֽן׃

And let the king appoint officers in all the

Megillat Esther — פרק ב'

provinces of his kingdom, that they may gather together all the fair young virgins unto Shushan the castle, to the house of the women, unto the custody of Hegai the king's chamberlain, keeper of the women, and let their ointments be given them.

(ד) וְהַנַּעֲרָה אֲשֶׁר תִּיטַב בְּעֵינֵי הַמֶּלֶךְ תִּמְלֹךְ תַּחַת וַשְׁתִּי וַיִּיטַב הַדָּבָר בְּעֵינֵי הַמֶּלֶךְ וַיַּעַשׂ כֵּן:

And let the maiden that pleaseth the king be queen instead of Vashti. And the thing pleased the king, and he did so.

(ה) אִישׁ יְהוּדִי הָיָה בְּשׁוּשַׁן הַבִּירָה וּשְׁמוֹ מָרְדֳּכַי בֶּן יָאִיר בֶּן שִׁמְעִי בֶּן קִישׁ אִישׁ יְמִינִי:

There was a certain Jew in Shushan the castle, whose name was Mordecai the son of Jair the son of Shimei the son of Kish, a Benjamite.

(ו) אֲשֶׁר הָגְלָה מִירוּשָׁלַיִם עִם הַגֹּלָה אֲשֶׁר הָגְלְתָה עִם יְכָנְיָה מֶלֶךְ יְהוּדָה אֲשֶׁר הֶגְלָה נְבוּכַדְנֶצַּר מֶלֶךְ בָּבֶל:

Who had been carried away from Jerusalem with the captives that had been carried away with Jeconiah king of Judah, whom

Megillat Esther — מגילת אסתר — פרק ב׳

Nebuchadnezzar the king of Babylon had carried away.

(ז) וַיְהִי אֹמֵן אֶת הֲדַסָּה הִיא אֶסְתֵּר בַּת דֹּדוֹ כִּי אֵין לָהּ אָב וָאֵם וְהַנַּעֲרָה יְפַת תֹּאַר וְטוֹבַת מַרְאֶה וּבְמוֹת אָבִיהָ וְאִמָּהּ לְקָחָהּ מָרְדֳּכַי לוֹ לְבַת:

And he brought up Hadassah, that is, Esther, his uncle's daughter, for she had neither father nor mother, and the maiden was of beautiful form and fair to look on, and when her father and mother were dead, Mordecai took her for his own daughter.

(ח) וַיְהִי בְּהִשָּׁמַע דְּבַר הַמֶּלֶךְ וְדָתוֹ וּבְהִקָּבֵץ נְעָרוֹת רַבּוֹת אֶל שׁוּשַׁן הַבִּירָה אֶל יַד הֵגָי וַתִּלָּקַח אֶסְתֵּר אֶל בֵּית הַמֶּלֶךְ אֶל יַד הֵגַי שֹׁמֵר הַנָּשִׁים:

אסתר מובאת לפני המלך אחשורוש

So it came to pass, when the king's commandment and his decree was published, and when many maidens were gathered together unto Shushan the castle, to the custody of Hegai, that Esther was taken into the king's house, to the custody of Hegai, keeper of the women.

(ט) וַתִּיטַב הַנַּעֲרָה בְעֵינָיו וַתִּשָּׂא חֶסֶד לְפָנָיו וַיְבַהֵל אֶת תַּמְרוּקֶיהָ וְאֶת מָנוֹתֶהָ לָתֵת לָהּ וְאֵת שֶׁבַע הַנְּעָרוֹת הָרְאֻיוֹת לָתֶת לָהּ מִבֵּית הַמֶּלֶךְ וַיְשַׁנֶּהָ וְאֶת נַעֲרוֹתֶיהָ לְטוֹב בֵּית הַנָּשִׁים:

And the maiden pleased him, and she obtained kindness of him, and he speedily gave her her ointments, with her portions, and the seven maidens, who were meet to be given her out of the king's house, and he advanced her and her maidens to the best place in the house of the women.

(י) לֹא הִגִּידָה אֶסְתֵּר אֶת עַמָּהּ וְאֶת מוֹלַדְתָּהּ כִּי מָרְדֳּכַי צִוָּה עָלֶיהָ אֲשֶׁר לֹא תַגִּיד:

Esther had not made known her people nor her kindred, for Mordecai had charged her that she should not tell it.

(יא) וּבְכָל יוֹם וָיוֹם מָרְדֳּכַי מִתְהַלֵּךְ לִפְנֵי חֲצַר בֵּית הַנָּשִׁים לָדַעַת אֶת שְׁלוֹם אֶסְתֵּר וּמַה יֵּעָשֶׂה בָּהּ:

Megillat Esther פרק ב׳ מגילת אסתר

And Mordecai walked every day before the court of the women's house, to know how Esther did, and what would become of her.

(יב) וּבְהַגִּיעַ תֹּר נַעֲרָה וְנַעֲרָה לָבוֹא ׀ אֶל הַמֶּלֶךְ אֲחַשְׁוֵרוֹשׁ מִקֵּץ הֱיוֹת לָהּ כְּדָת הַנָּשִׁים שְׁנֵים עָשָׂר חֹדֶשׁ כִּי כֵּן יִמְלְאוּ יְמֵי מְרוּקֵיהֶן שִׁשָּׁה חֳדָשִׁים בְּשֶׁמֶן הַמֹּר וְשִׁשָּׁה חֳדָשִׁים בַּבְּשָׂמִים וּבְתַמְרוּקֵי הַנָּשִׁים:

Now when the turn of every maiden was come to go in to king Ahasuerus, after that it had been done to her according to the law for the women, twelve months--for so were the days of their anointing accomplished, to wit, six months with oil of myrrh, and six month with sweet odours, and with other ointments of the women.

(יג) וּבָזֶה הַנַּעֲרָה בָּאָה אֶל הַמֶּלֶךְ אֵת כָּל אֲשֶׁר תֹּאמַר יִנָּתֵן לָהּ לָבוֹא עִמָּהּ מִבֵּית הַנָּשִׁים עַד בֵּית הַמֶּלֶךְ:

When then the maiden came unto the king,

whatsoever she desired was given her to go with her out of the house of the women unto the king's house.

(יד) בָּעֶרֶב | הִיא בָאָה וּבַבֹּקֶר הִיא שָׁבָה אֶל בֵּית
הַנָּשִׁים שֵׁנִי אֶל יַד שַׁעַשְׁגַז סְרִיס הַמֶּלֶךְ שֹׁמֵר
הַפִּילַגְשִׁים לֹא תָבוֹא עוֹד אֶל הַמֶּלֶךְ כִּי אִם חָפֵץ
בָּהּ הַמֶּלֶךְ וְנִקְרְאָה בְשֵׁם׃

In the evening she went, and on the morrow she returned into the second house of the women, to the custody of Shaashgaz, the king's chamberlain, who kept the concubines, she came in unto the king no more, except the king delighted in her, and she were called by name.

(טו) וּבְהַגִּיעַ תֹּר אֶסְתֵּר בַּת אֲבִיחַיִל דֹּד מָרְדֳּכַי
אֲשֶׁר לָקַח לוֹ לְבַת לָבוֹא אֶל הַמֶּלֶךְ לֹא בִקְשָׁה
דָּבָר כִּי אִם אֶת אֲשֶׁר יֹאמַר הֵגַי סְרִיס הַמֶּלֶךְ
שֹׁמֵר הַנָּשִׁים וַתְּהִי אֶסְתֵּר נֹשֵׂאת חֵן בְּעֵינֵי כָּל
רֹאֶיהָ׃

Now when the turn of Esther, the daughter of Abihail the uncle of Mordecai, who had taken her for his daughter, was come to go in unto the king, she required nothing but what Hegai the king's chamberlain, the keeper of the women, appointed. And Esther obtained favour in the sight of all them that looked upon her.

(טז) וַתִּלָּקַ֨ח אֶסְתֵּ֜ר אֶל הַמֶּ֤לֶךְ אֲחַשְׁוֵרוֹשׁ֙ אֶל בֵּ֣ית
מַלְכוּת֔וֹ בַּחֹ֥דֶשׁ הָעֲשִׂירִ֖י הוּא חֹ֣דֶשׁ טֵבֵ֑ת בִּשְׁנַת
שֶׁ֖בַע לְמַלְכוּתֽוֹ׃

So Esther was taken unto king Ahasuerus into his house royal in the tenth month, which is the month Tebeth, in the seventh year of his reign.

(יז) וַיֶּאֱהַ֨ב הַמֶּ֤לֶךְ אֶת אֶסְתֵּר֙ מִכָּל הַנָּשִׁ֔ים וַתִּשָּׂא
חֵ֥ן וָחֶ֛סֶד לְפָנָ֖יו מִכָּל הַבְּתוּלֹ֑ת וַיָּ֤שֶׂם כֶּֽתֶר מַלְכוּת֙
בְּרֹאשָׁ֔הּ וַיַּמְלִיכֶ֖הָ תַּ֥חַת וַשְׁתִּֽי׃

And the king loved Esther above all the women, and she obtained grace and favour in his sight more than all the virgins, so that he set the royal crown upon her head, and made her queen instead of Vashti.

(יח) וַיַּ֨עַשׂ הַמֶּ֜לֶךְ מִשְׁתֶּ֣ה גָד֗וֹל לְכָל שָׂרָיו֙ וַעֲבָדָ֔יו
אֵ֖ת מִשְׁתֵּ֣ה אֶסְתֵּ֑ר וַהֲנָחָ֤ה לַמְּדִינוֹת֙ עָשָׂ֔ה וַיִּתֵּ֥ן
מַשְׂאֵ֖ת כְּיַ֥ד הַמֶּֽלֶךְ׃

Then the king made a great feast unto all his

Megillat Esther — פרק ב׳

princes and his servants, even Esther's feast, and he made a release to the provinces, and gave gifts, according to the bounty of the king.

(יט) וּבְהִקָּבֵ֥ץ בְּתוּל֖וֹת שֵׁנִ֑ית וּמׇרְדֳּכַ֖י יֹשֵׁ֥ב בְּשַֽׁעַר־הַמֶּֽלֶךְ׃

And when the virgins were gathered together the second time, and Mordecai sat in the king's gate.

(כ) אֵ֣ין אֶסְתֵּ֗ר מַגֶּ֤דֶת מֽוֹלַדְתָּהּ֙ וְאֶת־עַמָּ֔הּ כַּאֲשֶׁ֛ר צִוָּ֥ה עָלֶ֖יהָ מׇרְדֳּכָ֑י וְאֶת־מַאֲמַ֤ר מׇרְדֳּכַי֙ אֶסְתֵּ֣ר עֹשָׂ֔ה כַּאֲשֶׁ֛ר הָיְתָ֥ה בְאׇמְנָ֖ה אִתּֽוֹ׃

Esther had not yet made known her kindred nor her people, as Mordecai had charged her, for Esther did the commandment of Mordecai, like as when she was brought up with him.

(כא) בַּיָּמִ֣ים הָהֵ֔ם וּמׇרְדֳּכַ֖י יֹשֵׁ֣ב בְּשַֽׁעַר־הַמֶּ֑לֶךְ קָצַף֩ בִּגְתָ֨ן וָתֶ֜רֶשׁ שְׁנֵֽי־סָרִיסֵ֤י הַמֶּ֙לֶךְ֙ מִשֹּׁמְרֵ֣י הַסַּ֔ף וַיְבַקְשׁוּ֙ לִשְׁלֹ֣חַ יָ֔ד בַּמֶּ֖לֶךְ אֲחַשְׁוֵרֹֽשׁ׃

In those days, while Mordecai sat in the king's gate, two of the king's chamberlains, Bigthan and Teresh, of those that kept the

Megillat Esther   פרק ב'   מגילת אסתר

door, were wroth, and sought to lay hands on the king Ahasuerus.

(כב) וַיִּוָּדַע הַדָּבָר לְמָרְדֳּכַי וַיַּגֵּד לְאֶסְתֵּר הַמַּלְכָּה וַתֹּאמֶר אֶסְתֵּר לַמֶּלֶךְ בְּשֵׁם מָרְדֳּכָי:

And the thing became known to Mordecai, who told it unto Esther the queen, and Esther told the king thereof in Mordecai's name.

(כג) וַיְבֻקַּשׁ הַדָּבָר וַיִּמָּצֵא וַיִּתָּלוּ שְׁנֵיהֶם עַל עֵץ וַיִּכָּתֵב בְּסֵפֶר דִּבְרֵי הַיָּמִים לִפְנֵי הַמֶּלֶךְ:

And when inquisition was made of the matter, and it was found to be so, they were both hanged on a tree, and it was written in the book of the chronicles before the king.

Megillat Esther   פרק ב'   מגילת אסתר

פֶּרֶק ג'

(א) אַחַר ׀ הַדְּבָרִים הָאֵלֶּה גִּדַּל הַמֶּלֶךְ אֲחַשְׁוֵרוֹשׁ
אֶת הָמָן בֶּן הַמְּדָתָא הָאֲגָגִי וַיְנַשְּׂאֵהוּ וַיָּשֶׂם אֶת
כִּסְאוֹ מֵעַל כָּל-הַשָּׂרִים אֲשֶׁר אִתּוֹ׃

After these things did king Ahasuerus promote Haman the son of Hammedatha the Agagite, and advanced him, and set his seat above all the princes that were with him.

(ב) וְכָל עַבְדֵי הַמֶּלֶךְ אֲשֶׁר בְּשַׁעַר הַמֶּלֶךְ כֹּרְעִים
וּמִשְׁתַּחֲוִים לְהָמָן כִּי כֵן צִוָּה לוֹ הַמֶּלֶךְ וּמָרְדֳּכַי
לֹא יִכְרַע וְלֹא יִשְׁתַּחֲוֶה׃

And all the king's servants, that were in the king's gate, bowed down, and prostrated themselves before Haman, for the king had so commanded concerning him. But Mordecai bowed not down, nor prostrated himself before him.

מגילת אסתר

פרק ג'

(ג) וַיֹּאמְרוּ עַבְדֵי הַמֶּלֶךְ אֲשֶׁר בְּשַׁעַר הַמֶּלֶךְ לְמָרְדֳּכָי מַדּוּעַ אַתָּה עוֹבֵר אֵת מִצְוַת הַמֶּלֶךְ:

Then the king's servants, that were in the king's gate, said unto Mordecai: 'Why transgressest thou the king's commandment.

(ד) וַיְהִי כְּאָמְרָם[1] אֵלָיו יוֹם וָיוֹם וְלֹא שָׁמַע אֲלֵיהֶם וַיַּגִּידוּ לְהָמָן לִרְאוֹת הֲיַעַמְדוּ דִּבְרֵי מָרְדֳּכַי כִּי הִגִּיד לָהֶם אֲשֶׁר הוּא יְהוּדִי:

Now it came to pass, when they spoke daily unto him, and he hearkened not unto them, that they told Haman, to see whether Mordecai's words would stand, for he had told them that he was a Jew.

(ה) וַיַּרְא הָמָן כִּי אֵין מָרְדֳּכַי כֹּרֵעַ וּמִשְׁתַּחֲוֶה לוֹ וַיִּמָּלֵא הָמָן חֵמָה:

And when Haman saw that Mordecai bowed not down, nor prostrated himself before him, then was Haman full of wrath

(ו) וַיִּבֶז בְּעֵינָיו לִשְׁלֹחַ יָד בְּמָרְדֳּכַי לְבַדּוֹ כִּי הִגִּידוּ לוֹ אֶת עַם מָרְדֳּכָי וַיְבַקֵּשׁ הָמָן לְהַשְׁמִיד אֶת כָּל הַיְּהוּדִים אֲשֶׁר בְּכָל מַלְכוּת אֲחַשְׁוֵרוֹשׁ עַם מָרְדֳּכָי:

But it seemed contemptible in his eyes to lay

---

[1] כתיב - באמרם

Megillat Esther — פרק ג' — מְגִילַּת אֶסְתֵּר

hands on Mordecai alone, for they had made known to him the people of Mordecai, wherefore Haman sought to destroy all the Jews that were throughout the whole kingdom of Ahasuerus, even the people of Mordecai.

(ז) בַּחֹדֶשׁ הָרִאשׁוֹן הוּא חֹדֶשׁ נִיסָן בִּשְׁנַת שְׁתֵּים עֶשְׂרֵה לַמֶּלֶךְ אֲחַשְׁוֵרוֹשׁ הִפִּיל פּוּר הוּא הַגּוֹרָל לִפְנֵי הָמָן מִיּוֹם | לְיוֹם וּמֵחֹדֶשׁ לְחֹדֶשׁ שְׁנֵים־עָשָׂר הוּא חֹדֶשׁ אֲדָר:

הָמָן יוֹרֶה בְּקֶשֶׁת, וּמַפִּיל פּוּר, עַל אֲבַדַּן הַיְּהוּדִים

In the first month, which is the month Nisan, in the twelfth year of king Ahasuerus, they cast pur, that is, the lot, before Haman from day to day, and from month to month, to the twelfth month, which is the month Adar.

(ח) וַיֹּאמֶר הָמָן לַמֶּלֶךְ אֲחַשְׁוֵרוֹשׁ יֶשְׁנוֹ עַם־אֶחָד מְפֻזָּר וּמְפֹרָד בֵּין הָעַמִּים בְּכֹל מְדִינוֹת מַלְכוּתֶךָ וְדָתֵיהֶם שֹׁנוֹת מִכָּל־עָם וְאֶת־דָּתֵי הַמֶּלֶךְ אֵינָם עֹשִׂים וְלַמֶּלֶךְ אֵין־שֹׁוֶה לְהַנִּיחָם:

And Haman said unto king Ahasuerus: There is a certain people scattered abroad and dispersed among the peoples in all the provinces of thy kingdom, and their laws are diverse from those of every people, neither keep they the king's laws, therefore it profiteth not the king to suffer them.

(ט) אִם עַל הַמֶּלֶךְ טוֹב יִכָּתֵב לְאַבְּדָם וַעֲשֶׂרֶת אֲלָפִים כִּכַּר כֶּסֶף אֶשְׁקוֹל עַל יְדֵי עֹשֵׂי הַמְּלָאכָה לְהָבִיא אֶל גִּנְזֵי הַמֶּלֶךְ׃

מן נושא מאזנים בהם שקל את ערך היהודים, לאבדם

If it please the king, let it be written that they be destroyed, and I will pay ten thousand talents of silver into the hands of those that have the charge of the king's business, to bring it into the king's treasuries.

(י) וַיָּסַר הַמֶּלֶךְ אֶת טַבַּעְתּוֹ מֵעַל יָדוֹ וַיִּתְּנָהּ לְהָמָן בֶּן הַמְּדָתָא הָאֲגָגִי צֹרֵר הַיְּהוּדִים׃

And the king took his ring from his hand, and gave it unto Haman the son of Hammedatha the Agagite, the Jews enemy.

(יא) וַיֹּאמֶר הַמֶּלֶךְ לְהָמָן הַכֶּסֶף נָתוּן לָךְ וְהָעָם לַעֲשׂוֹת בּוֹ כַּטּוֹב בְּעֵינֶיךָ׃

And the king said unto Haman: The silver is

Megillat Esther פרק ג׳ מגילת אסתר

given to thee, the people also, to do with them as it seemeth good to thee

(יב) וַיִּקָּרְאוּ סֹפְרֵי הַמֶּלֶךְ בַּחֹדֶשׁ הָרִאשׁוֹן בִּשְׁלוֹשָׁה עָשָׂר יוֹם בּוֹ וַיִּכָּתֵב כְּכָל אֲשֶׁר צִוָּה הָמָן אֶל אֲחַשְׁדַּרְפְּנֵי הַמֶּלֶךְ וְאֶל הַפַּחוֹת אֲשֶׁר | עַל מְדִינָה וּמְדִינָה וְאֶל שָׂרֵי עַם וָעָם מְדִינָה וּמְדִינָה כִּכְתָבָהּ וְעַם וָעָם כִּלְשׁוֹנוֹ בְּשֵׁם הַמֶּלֶךְ אֲחַשְׁוֵרֹשׁ נִכְתָּב וְנֶחְתָּם בְּטַבַּעַת הַמֶּלֶךְ:

Then were the king's scribes called in the first month, on the thirteenth day thereof, and there was written, according to all that Haman commanded, unto the king's satraps, and to the governors that were over every province, and to the princes of every people, to every province according to the writing thereof, and to every people after their language, in the name of king Ahasuerus was it written, and it was sealed with the king's ring.

(יג) וְנִשְׁלוֹחַ סְפָרִים בְּיַד הָרָצִים אֶל כָּל מְדִינוֹת הַמֶּלֶךְ לְהַשְׁמִיד לַהֲרֹג וּלְאַבֵּד אֶת כָּל הַיְּהוּדִים מִנַּעַר וְעַד זָקֵן טַף וְנָשִׁים בְּיוֹם אֶחָד בִּשְׁלוֹשָׁה עָשָׂר לְחֹדֶשׁ שְׁנֵים עָשָׂר הוּא חֹדֶשׁ אֲדָר וּשְׁלָלָם לָבוֹז:

And letters were sent by posts into all the king's provinces, to destroy, to slay, and to

Megillat Esther — פרק ג׳ — מגילת אסתר

cause to perish, all Jews, both young and old, little children and women, in one day, even upon the thirteenth day of the twelfth month, which is the month Adar, and to take the spoil of them for a prey.

(יד) פַּתְשֶׁגֶן הַכְּתָב לְהִנָּתֵן דָּת בְּכָל מְדִינָה וּמְדִינָה גָּלוּי לְכָל הָעַמִּים לִהְיוֹת עֲתִדִים לַיּוֹם הַזֶּה:

The copy of the writing, to be given out for a decree in every province, was to be published unto all peoples, that they should be ready against that day.

(טו) הָרָצִים יָצְאוּ דְחוּפִים בִּדְבַר הַמֶּלֶךְ וְהַדָּת נִתְּנָה בְּשׁוּשַׁן הַבִּירָה וְהַמֶּלֶךְ וְהָמָן יָשְׁבוּ לִשְׁתּוֹת וְהָעִיר שׁוּשָׁן נָבוֹכָה:

The posts went forth in haste by the king's commandment, and the decree was given out in Shushan the castle, and the king and Haman sat down to drink, but the city of Shushan was perplexed.

אחשתרן, רוכב על סוס, מודיע על יום השמדת היהודים

פֶּרֶק ד'

(א) וּמָרְדֳּכַ֗י יָדַע֙ אֶת כָּל אֲשֶׁ֣ר נַעֲשָׂ֔ה וַיִּקְרַ֤ע
מָרְדֳּכַי֙ אֶת בְּגָדָ֔יו וַיִּלְבַּ֥שׁ שַׂ֖ק וָאֵ֑פֶר וַיֵּצֵא֙ בְּת֣וֹךְ
הָעִ֔יר וַיִּזְעַ֛ק זְעָקָ֥ה גְדֹלָ֖ה וּמָרָֽה׃

Now when Mordecai knew all that was done, Mordecai rent his clothes, and put on sackcloth with ashes, and went out into the midst of the city, and cried with a loud and a bitter cry.

(ב) וַיָּב֕וֹא עַ֖ד לִפְנֵ֣י שַֽׁעַר הַמֶּ֑לֶךְ כִּ֣י אֵ֥ין לָב֛וֹא אֶל
שַׁ֥עַר הַמֶּ֖לֶךְ בִּלְב֥וּשׁ שָֽׂק׃

And he came even before the king's gate, for none might enter within the king's gate clothed with sackcloth.

(ג) וּבְכָל מְדִינָ֣ה וּמְדִינָ֗ה מְקוֹם֙ אֲשֶׁ֨ר דְּבַר הַמֶּ֤לֶךְ
וְדָתוֹ֙ מַגִּ֔יעַ אֵ֤בֶל גָּדוֹל֙ לַיְּהוּדִ֔ים וְצ֥וֹם וּבְכִ֖י וּמִסְפֵּ֑ד
שַׂ֣ק וָאֵ֔פֶר יֻצַּ֖ע לָֽרַבִּֽים׃

And in every province, whithersoever the king's commandment and his decree came, there was great mourning among the Jews, and fasting, and weeping, and wailing, and many lay in sackcloth and ashes.

(ד) °וַתָּב֨וֹאנָה[1] נַעֲר֤וֹת אֶסְתֵּר֙ וְסָרִיסֶ֙יהָ֙ וַיַּגִּ֣ידוּ לָ֔הּ
וַתִּתְחַלְחַ֥ל הַמַּלְכָּ֖ה מְאֹ֑ד וַתִּשְׁלַ֨ח בְּגָדִ֜ים
לְהַלְבִּ֣ישׁ אֶת מָרְדֳּכַ֗י וּלְהָסִ֥יר שַׂקּ֛וֹ מֵעָלָ֖יו וְלֹ֥א
קִבֵּֽל׃

And Esther's maidens and her chamberlains came and told it her, and the queen was exceedingly pained, and she sent raiment to clothe Mordecai, and to take his sackcloth from off him, but he accepted it not.

(ה) וַתִּקְרָא֩ אֶסְתֵּ֨ר לַהֲתָ֜ךְ מִסָּרִיסֵ֤י הַמֶּ֙לֶךְ֙ אֲשֶׁ֣ר
הֶעֱמִ֣יד לְפָנֶ֔יהָ וַתְּצַוֵּ֖הוּ עַל מָרְדֳּכָ֑י לָדַ֥עַת מַה זֶּ֖ה
וְעַל מַה זֶּֽה׃

Then called Esther for Hathach, one of the king's chamberlains, whom he had appointed to attend upon her, and charged him to go to Mordecai, to know what this was, and why it was.

[1] כתיב - ותבואינה

(ו) וַיֵּצֵא הֲתָךְ אֶל מָרְדֳּכָי אֶל רְחוֹב הָעִיר אֲשֶׁר
לִפְנֵי שַׁעַר הַמֶּלֶךְ׃

So Hathach went forth to Mordecai unto the broad place of the city, which was before the king's gate.

(ז) וַיַּגֶּד לוֹ מָרְדֳּכַי אֵת כָּל אֲשֶׁר קָרָהוּ וְאֵת ׀ פָּרָשַׁת
הַכֶּסֶף אֲשֶׁר אָמַר הָמָן לִשְׁקוֹל עַל גִּנְזֵי הַמֶּלֶךְ
בַּיְּהוּדִים[2] לְאַבְּדָם׃

And Mordecai told him of all that had happened unto him, and the exact sum of the money that Haman had promised to pay to the king's treasuries for the Jews, to destroy them.

(ח) וְאֶת פַּתְשֶׁגֶן כְּתָב הַדָּת אֲשֶׁר נִתַּן בְּשׁוּשָׁן
לְהַשְׁמִידָם נָתַן לוֹ לְהַרְאוֹת אֶת אֶסְתֵּר וּלְהַגִּיד
לָהּ וּלְצַוּוֹת עָלֶיהָ לָבוֹא אֶל הַמֶּלֶךְ לְהִתְחַנֶּן לוֹ
וּלְבַקֵּשׁ מִלְּפָנָיו עַל עַמָּהּ׃

Also he gave him the copy of the writing of the decree that was given out in Shushan to destroy them, to show it unto Esther, and to declare it unto her, and to charge her that she should go in unto the king, to make supplication unto him, and to make request before him, for her people.

(ט) וַיָּבוֹא הֲתָךְ וַיַּגֵּד לְאֶסְתֵּר אֵת דִּבְרֵי מָרְדֳּכָי׃

---

[2] כתיב - ביהודיים

And Hathach came and told Esther the words of Mordecai.

(י) וַתֹּ֤אמֶר אֶסְתֵּר֙ לַהֲתָ֔ךְ וַתְּצַוֵּ֖הוּ אֶֽל מָרְדֳּכָֽי׃

Then Esther spoke unto Hathach, and gave him a message unto Mordecai.

(יא) כָּל עַבְדֵ֨י הַמֶּ֜לֶךְ וְעַם מְדִינ֣וֹת הַמֶּ֗לֶךְ יֽוֹדְעִים֮
אֲשֶׁ֣ר כָּל אִ֣ישׁ וְאִשָּׁ֡ה אֲשֶׁ֣ר יָבֽוֹא אֶל הַמֶּ֩לֶךְ֩ אֶל
הֶחָצֵ֨ר הַפְּנִימִ֜ית אֲשֶׁ֣ר לֹֽא יִקָּרֵ֗א אַחַ֤ת דָּתוֹ֙ לְהָמִ֔ית
לְ֠בַד מֵֽאֲשֶׁ֨ר יֽוֹשִׁיט ל֥וֹ הַמֶּ֛לֶךְ אֶת שַׁרְבִ֥יט הַזָּהָ֖ב
וְחָיָ֑ה וַאֲנִ֗י לֹ֤א נִקְרֵ֙אתִי֙ לָב֣וֹא אֶל הַמֶּ֔לֶךְ זֶ֖ה
שְׁלוֹשִׁ֥ים יֽוֹם׃

All the king's servants, and the people of the king's provinces, do know, that whosoever, whether man or woman, shall come unto the king into the inner court, who is not called, there is one law for him, that he be put to death, except such to whom the king shall hold out the golden sceptre, that he may live, but I have not been called to come in unto the king these thirty days.

(יב) וַיַּגִּ֣ידוּ לְמָרְדֳּכָ֔י אֵ֖ת דִּבְרֵ֥י אֶסְתֵּֽר׃

And they told to Mordecai Esther's words.

(יג) וַיֹּ֥אמֶר מָרְדֳּכַ֖י לְהָשִׁ֣יב אֶל אֶסְתֵּ֑ר אַל תְּדַמִּ֣י
בְנַפְשֵׁ֔ךְ לְהִמָּלֵ֥ט בֵּית הַמֶּ֖לֶךְ מִכָּל הַיְּהוּדִֽים׃

Then Mordecai bade them to return answer unto

Esther: 'Think not with thyself that thou shalt escape in the king's house, more than all the Jews.

(יד) כִּי אִם הַחֲרֵשׁ תַּחֲרִישִׁי בָּעֵת הַזֹּאת רֶוַח
וְהַצָּלָה יַעֲמוֹד לַיְּהוּדִים מִמָּקוֹם אַחֵר וְאַתְּ וּבֵית
אָבִיךְ תֹּאבֵדוּ וּמִי יוֹדֵעַ אִם לְעֵת כָּזֹאת הִגַּעַתְּ
לַמַּלְכוּת׃

For if thou altogether holdest thy peace at this time, then will relief and deliverance arise to the Jews from another place, but thou and thy father's house will perish, and who knoweth whether thou art not come to royal estate for such a time as this.

(טו) וַתֹּאמֶר אֶסְתֵּר לְהָשִׁיב אֶל מָרְדֳּכָי׃

Then Esther bade them return answer unto Mordecai.

(טז) לֵךְ כְּנוֹס אֶת כָּל הַיְּהוּדִים הַנִּמְצְאִים בְּשׁוּשָׁן
וְצוּמוּ עָלַי וְאַל תֹּאכְלוּ וְאַל תִּשְׁתּוּ שְׁלֹשֶׁת יָמִים
לַיְלָה וָיוֹם גַּם אֲנִי וְנַעֲרֹתַי אָצוּם כֵּן וּבְכֵן אָבוֹא
אֶל הַמֶּלֶךְ אֲשֶׁר לֹא כַדָּת וְכַאֲשֶׁר אָבַדְתִּי
אָבָדְתִּי׃

Go, gather together all the Jews that are present in Shushan, and fast ye for me, and neither eat nor drink three days, night or day, I also and my maidens will fast in like manner, and so will I go in unto the king, which is not according to the law, and if I perish, I perish.

(יז) וַֽיַּעֲבֹ֖ר מָרְדֳּכָ֑י וַיַּ֕עַשׂ כְּכֹ֛ל אֲשֶׁר צִוְּתָ֥ה עָלָ֖יו אֶסְתֵּֽר׃

So, Mordecai went his way, and did according to all that Esther had commanded him.

פֶּרֶק ה'

(א) וַיְהִי ׀ בַּיּוֹם הַשְּׁלִישִׁי וַתִּלְבַּשׁ אֶסְתֵּר מַלְכוּת
וַתַּעֲמֹד בַּחֲצַר בֵּית הַמֶּלֶךְ הַפְּנִימִית נֹכַח בֵּית
הַמֶּלֶךְ וְהַמֶּלֶךְ יוֹשֵׁב עַל כִּסֵּא מַלְכוּתוֹ בְּבֵית
הַמַּלְכוּת נֹכַח פֶּתַח הַבָּיִת׃

Now it came to pass on the third day, that Esther put on her royal apparel, and stood in the inner court of the king's house, over against the king's house, and the king sat upon his royal throne in the royal house, over against the entrance of the house.

(ב) וַיְהִי כִרְאוֹת הַמֶּלֶךְ אֶת אֶסְתֵּר הַמַּלְכָּה עֹמֶדֶת
בֶּחָצֵר נָשְׂאָה חֵן בְּעֵינָיו וַיּוֹשֶׁט הַמֶּלֶךְ לְאֶסְתֵּר אֶת
שַׁרְבִיט הַזָּהָב אֲשֶׁר בְּיָדוֹ
וַתִּקְרַב אֶסְתֵּר וַתִּגַּע
בְּרֹאשׁ הַשַּׁרְבִיט׃

And it was so, when the king saw Esther the queen standing in the court, that she obtained favour in his sight, and the king held out to Esther the golden sceptre that was in his hand. So Esther drew near, and touched the top of the sceptre.

(ג) וַיֹּאמֶר לָהּ הַמֶּלֶךְ מַה לָּךְ אֶסְתֵּר הַמַּלְכָּה וּמַה
בַּקָּשָׁתֵךְ עַד חֲצִי הַמַּלְכוּת וְיִנָּתֵן לָךְ׃

Then said the king unto her: What wilt thou, queen Esther? for whatever thy request, even to the half of the kingdom, it shall be given thee.

(ד) וַתֹּאמֶר אֶסְתֵּר אִם עַל הַמֶּלֶךְ טוֹב יָבוֹא הַמֶּלֶךְ
וְהָמָן הַיּוֹם אֶל הַמִּשְׁתֶּה אֲשֶׁר עָשִׂיתִי לוֹ׃

And Esther said: If it seem good unto the king, let the king and Haman come this day unto the banquet that I have prepared for him.

(ה) וַיֹּאמֶר הַמֶּלֶךְ מַהֲרוּ אֶת הָמָן לַעֲשׂוֹת אֶת דְּבַר
אֶסְתֵּר וַיָּבֹא הַמֶּלֶךְ וְהָמָן אֶל-הַמִּשְׁתֶּה אֲשֶׁר
עָשְׂתָה אֶסְתֵּר׃

Then the king said: Cause Haman to make haste, that it may be done as Esther hath said.' So the king and Haman came to the banquet that Esther had prepared.

(ו) וַיֹּאמֶר הַמֶּלֶךְ לְאֶסְתֵּר בְּמִשְׁתֵּה הַיַּיִן מַה
שְּׁאֵלָתֵךְ וְיִנָּתֵן לָךְ וּמַה בַּקָּשָׁתֵךְ עַד חֲצִי הַמַּלְכוּת
וְתֵעָשׂ׃

And the king said unto Esther at the banquet of wine: Whatever thy petition, it shall be granted thee, and whatever thy request, even to the half of the kingdom, it shall be performed.

(ז) וַתַּעַן אֶסְתֵּר וַתֹּאמַר שְׁאֵלָתִי וּבַקָּשָׁתִי׃

Then answered Esther, and said: My petition and my request is.

(ח) אִם מָצָאתִי חֵן בְּעֵינֵי הַמֶּלֶךְ וְאִם עַל הַמֶּלֶךְ
טוֹב לָתֵת אֶת שְׁאֵלָתִי וְלַעֲשׂוֹת

אסתר מופיעה במשתה המלך

אֶת בַּקָּשָׁתִי יָבוֹא
הַמֶּלֶךְ וְהָמָן אֶל
הַמִּשְׁתֶּה אֲשֶׁר
אֶעֱשֶׂה לָהֶם וּמָחָר
אֶעֱשֶׂה כִּדְבַר
הַמֶּלֶךְ׃

If I have found favour in the sight of the king, and if it please the king to grant my petition, and to perform my request let the king and Haman come to the banquet that I shall prepare for them, and I will do to-morrow as the king hath said.

(ט) וַיֵּצֵא הָמָן בַּיּוֹם הַהוּא שָׂמֵחַ וְטוֹב לֵב וְכִרְאוֹת
הָמָן אֶת מָרְדֳּכַי בְּשַׁעַר הַמֶּלֶךְ וְלֹא קָם וְלֹא זָע
מִמֶּנּוּ וַיִּמָּלֵא הָמָן עַל מָרְדֳּכַי חֵמָה׃

Then went Haman forth that day joyful and glad of heart, but when Haman saw Mordecai

Megillat Esther — פרק ה' — מגילת אסתר

in the king's gate, that he stood not up, nor moved for him, Haman was filled with wrath against Mordecai.

(י) וַיִּתְאַפַּק הָמָן וַיָּבוֹא אֶל בֵּיתוֹ וַיִּשְׁלַח וַיָּבֵא אֶת אֹהֲבָיו וְאֶת זֶרֶשׁ אִשְׁתּוֹ:

Nevertheless, Haman refrained himself, and went home, and he sent and fetched his friends and Zeresh his wife.

(יא) וַיְסַפֵּר לָהֶם הָמָן אֶת כְּבוֹד עָשְׁרוֹ וְרֹב בָּנָיו וְאֵת כָּל אֲשֶׁר גִּדְּלוֹ הַמֶּלֶךְ וְאֵת אֲשֶׁר נִשְּׂאוֹ עַל הַשָּׂרִים וְעַבְדֵי הַמֶּלֶךְ:

And Haman recounted unto them the glory of his riches, and the multitude of his children, and everything as to how the king had promoted him, and how he had advanced him above the princes and servants of the king.

(יב) וַיֹּאמֶר הָמָן אַף לֹא הֵבִיאָה אֶסְתֵּר הַמַּלְכָּה עִם הַמֶּלֶךְ אֶל הַמִּשְׁתֶּה אֲשֶׁר עָשָׂתָה כִּי אִם אוֹתִי וְגַם לְמָחָר אֲנִי קָרוּא לָהּ עִם הַמֶּלֶךְ:

Haman said moreover: Yea, Esther the queen did let no man come in with the king unto the banquet that she had prepared but myself, and to-morrow also am I invited by her together with the king.

(יג) וְכָל זֶה אֵינֶנּוּ שֹׁוֶה לִי בְּכָל עֵת אֲשֶׁר אֲנִי רֹאֶה

אֶת מׇרְדֳּכַי הַיְּהוּדִי יוֹשֵׁב בְּשַׁעַר הַמֶּלֶךְ׃

Yet all this availeth me nothing, so long as I see Mordecai the Jew sitting at the king's gate.

(יד) וַתֹּאמֶר לוֹ זֶרֶשׁ אִשְׁתּוֹ וְכׇל אֹהֲבָיו יַעֲשׂוּ עֵץ
גָּבֹהַּ חֲמִשִּׁים אַמָּה וּבַבֹּקֶר ׀ אֱמֹר לַמֶּלֶךְ וְיִתְלוּ
אֶת מׇרְדֳּכַי עָלָיו וּבֹא עִם הַמֶּלֶךְ אֶל הַמִּשְׁתֶּה
שָׂמֵחַ וַיִּיטַב הַדָּבָר לִפְנֵי הָמָן וַיַּעַשׂ הָעֵץ׃

Then said Zeresh his wife and all his friends unto him: 'Let a gallows be made of fifty cubits high, and in the morning speak thou unto the king that Mordecai may be hanged thereon, then go thou in merrily with the king unto the banquet.' And the thing pleased Haman, and he caused the gallows to be made.

פֶּרֶק ו'

(א) בַּלַּיְלָה הַהוּא נָדְדָה שְׁנַת הַמֶּלֶךְ וַיֹּאמֶר לְהָבִיא אֶת סֵפֶר הַזִּכְרֹנוֹת דִּבְרֵי הַיָּמִים וַיִּהְיוּ נִקְרָאִים לִפְנֵי הַמֶּלֶךְ׃

On that night could not the king sleep, and he commanded to bring the book of records of the chronicles, and they were read before the king.

(ב) וַיִּמָּצֵא כָתוּב אֲשֶׁר הִגִּיד מָרְדֳּכַי עַל בִּגְתָנָא וָתֶרֶשׁ שְׁנֵי סָרִיסֵי הַמֶּלֶךְ מִשֹּׁמְרֵי הַסַּף אֲשֶׁר בִּקְשׁוּ לִשְׁלֹחַ יָד בַּמֶּלֶךְ אֲחַשְׁוֵרוֹשׁ׃

מקריאים לפני המלך את ספר הזכרונות

And it was found written, that Mordecai had told of Bigthana and Teresh, two of the king's chamberlains, of those that kept the door, who had sought to lay hands on the king Ahasuerus.

(ג) וַיֹּאמֶר הַמֶּלֶךְ מַה נַּעֲשָׂה יְקָר וּגְדוּלָּה לְמָרְדֳּכַי
עַל זֶה וַיֹּאמְרוּ נַעֲרֵי הַמֶּלֶךְ מְשָׁרְתָיו לֹא נַעֲשָׂה
עִמּוֹ דָּבָר׃

And the king said: What honour and dignity hath been done to Mordecai for this, then said the king's servants that ministered unto him: There is nothing done for him.

(ד) וַיֹּאמֶר הַמֶּלֶךְ מִי בֶחָצֵר וְהָמָן בָּא לַחֲצַר בֵּית
הַמֶּלֶךְ הַחִיצוֹנָה לֵאמֹר לַמֶּלֶךְ לִתְלוֹת אֶת מָרְדֳּכַי
עַל הָעֵץ אֲשֶׁר הֵכִין לוֹ׃

And the king said: Who is in the court, Now Haman was come into the outer court of the king's house, to speak unto the king to hang Mordecai on the gallows that he had prepared for him.

(ה) וַיֹּאמְרוּ נַעֲרֵי הַמֶּלֶךְ אֵלָיו הִנֵּה הָמָן עֹמֵד בֶּחָצֵר
וַיֹּאמֶר הַמֶּלֶךְ יָבוֹא׃

And the king's servants said unto him: Behold, Haman standeth in the court. And the king said: Let him come in.

(ו) וַיָּבוֹא הָמָן וַיֹּאמֶר לוֹ הַמֶּלֶךְ מַה לַּעֲשׂוֹת בָּאִישׁ
אֲשֶׁר הַמֶּלֶךְ חָפֵץ בִּיקָרוֹ וַיֹּאמֶר הָמָן בְּלִבּוֹ לְמִי
יַחְפֹּץ הַמֶּלֶךְ לַעֲשׂוֹת יְקָר יוֹתֵר מִמֶּנִּי׃

So, Haman came in. And the king said unto him:

What shall be done unto the man whom the king delighteth to honour, Now Haman said in his heart: Whom would the king delight to honour besides myself

(ז) וַיֹּאמֶר הָמָן אֶל הַמֶּלֶךְ אִישׁ אֲשֶׁר הַמֶּלֶךְ חָפֵץ
בִּיקָרוֹ׃

And Haman said unto the king: For the man whom the king delighteth to honour.

(ח) יָבִיאוּ לְבוּשׁ מַלְכוּת אֲשֶׁר לָבַשׁ בּוֹ הַמֶּלֶךְ וְסוּס
אֲשֶׁר רָכַב עָלָיו הַמֶּלֶךְ וַאֲשֶׁר נִתַּן כֶּתֶר מַלְכוּת
בְּרֹאשׁוֹ׃

Let royal apparel be brought which the king useth to wear, and the horse that the king rideth upon, and on whose head a crown royal is set

(ט) וְנָתוֹן הַלְּבוּשׁ וְהַסּוּס עַל יַד אִישׁ מִשָּׂרֵי הַמֶּלֶךְ
הַפַּרְתְּמִים וְהִלְבִּישׁוּ אֶת הָאִישׁ אֲשֶׁר הַמֶּלֶךְ חָפֵץ
בִּיקָרוֹ וְהִרְכִּיבֻהוּ עַל הַסּוּס בִּרְחוֹב הָעִיר וְקָרְאוּ
לְפָנָיו כָּכָה יֵעָשֶׂה לָאִישׁ אֲשֶׁר הַמֶּלֶךְ חָפֵץ בִּיקָרוֹ׃

and let the apparel and the horse be delivered to the hand of one of the king's most noble princes, that they may array the man therewith whom the king delighteth to honour, and cause him to ride

Megillat Esther — פרק ו׳ — מְגִילַּת אֶסְתֵּר

on horseback through the street of the city, and proclaim before him: Thus shall it be done to the man whom the king delighteth to honour.

(י) וַיֹּאמֶר הַמֶּלֶךְ לְהָמָן מַהֵר קַח אֶת הַלְּבוּשׁ וְאֶת הַסּוּס כַּאֲשֶׁר דִּבַּרְתָּ וַעֲשֵׂה כֵן לְמָרְדֳּכַי הַיְּהוּדִי הַיּוֹשֵׁב בְּשַׁעַר הַמֶּלֶךְ אַל תַּפֵּל דָּבָר מִכֹּל אֲשֶׁר דִּבַּרְתָּ:

Then the king said to Haman: Make haste, and take the apparel and the horse, as thou hast said, and do even so to Mordecai the Jew, that sitteth at the king's gate, let nothing fail of all that thou hast spoken.

(יא) וַיִּקַּח הָמָן אֶת הַלְּבוּשׁ וְאֶת הַסּוּס וַיַּלְבֵּשׁ אֶת מָרְדֳּכָי וַיַּרְכִּיבֵהוּ בִּרְחוֹב הָעִיר וַיִּקְרָא לְפָנָיו כָּכָה יֵעָשֶׂה לָאִישׁ אֲשֶׁר הַמֶּלֶךְ חָפֵץ בִּיקָרוֹ:

מרכיבים את מרדכי על סוס המלך בלבוש מלכות

Then took Haman the apparel and the horse, and arrayed Mordecai, and caused him to ride through the street of the city, and proclaimed before him: Thus shall it be done unto the man whom the king delighteth to honour.

(יב) וַיָּשָׁב מָרְדֳּכַי אֶל שַׁעַר הַמֶּלֶךְ וְהָמָן נִדְחַף אֶל בֵּיתוֹ אָבֵל וַחֲפוּי רֹאשׁ:

And Mordecai returned to the king's gate. But Haman hasted to his house, mourning and having his head covered.

(יג) וַיְסַפֵּר הָמָן לְזֶרֶשׁ אִשְׁתּוֹ וּלְכָל אֹהֲבָיו אֵת כָּל אֲשֶׁר קָרָהוּ וַיֹּאמְרוּ לוֹ חֲכָמָיו וְזֶרֶשׁ אִשְׁתּוֹ אִם מִזֶּרַע הַיְּהוּדִים מָרְדֳּכַי אֲשֶׁר הַחִלּוֹתָ לִנְפֹּל לְפָנָיו לֹא תוּכַל לוֹ כִּי נָפוֹל תִּפּוֹל לְפָנָיו:

And Haman recounted unto Zeresh his wife and all his friends every thing that had befallen him. Then said his wise men and Zeresh his wife unto him: 'If Mordecai, before whom thou hast begun to fall, be of the seed of the Jews, thou shalt not prevail against him, but shalt surely fall before him.

(יד) עוֹדָם מְדַבְּרִים עִמּוֹ וְסָרִיסֵי הַמֶּלֶךְ הִגִּיעוּ וַיַּבְהִלוּ לְהָבִיא אֶת הָמָן אֶל הַמִּשְׁתֶּה אֲשֶׁר עָשְׂתָה אֶסְתֵּר:

Megillat Esther   פרק ו'   מגילת אסתר

While they were yet talking with him, came the king's chamberlains, and hastened to bring Haman unto the banquet that Esther had prepared

פֶּרֶק ז'

(א) וַיָּבֹא הַמֶּלֶךְ וְהָמָן לִשְׁתּוֹת עִם אֶסְתֵּר הַמַּלְכָּה:

So the king and Haman came to banquet with Esther the queen.

(ב) וַיֹּאמֶר הַמֶּלֶךְ לְאֶסְתֵּר גַּם בַּיּוֹם הַשֵּׁנִי בְּמִשְׁתֵּה
הַיַּיִן מַה שְּׁאֵלָתֵךְ אֶסְתֵּר הַמַּלְכָּה וְתִנָּתֵן לָךְ וּמַה
בַּקָּשָׁתֵךְ עַד חֲצִי הַמַּלְכוּת וְתֵעָשׂ:

And the king said again unto Esther on the second day at the banquet of wine: Whatever thy petition, queen Esther, it shall be granted thee, and whatever thy request, even to the half of the kingdom, it shall be performed.

(ג) וַתַּעַן אֶסְתֵּר הַמַּלְכָּה
וַתֹּאמַר אִם מָצָאתִי חֵן
בְּעֵינֶיךָ הַמֶּלֶךְ וְאִם עַל
הַמֶּלֶךְ טוֹב תִּנָּתֶן לִי נַפְשִׁי
בִּשְׁאֵלָתִי וְעַמִּי בְּבַקָּשָׁתִי:

Megillat Esther   פרק ז'   מְגִילַת אֶסְתֵּר

Then Esther the queen answered and said: If I have found favour in thy sight, O king, and if it please the king, let my life be given me at my petition, and my people at my request.

(ד) כִּי נִמְכַּרְנוּ אֲנִי וְעַמִּי לְהַשְׁמִיד לַהֲרוֹג וּלְאַבֵּד וְאִלּוּ לַעֲבָדִים וְלִשְׁפָחוֹת נִמְכַּרְנוּ הֶחֱרַשְׁתִּי כִּי אֵין הַצָּר שֹׁוֶה בְּנֵזֶק הַמֶּלֶךְ:

for we are sold, I and my people, to be destroyed, to be slain, and to perish. But if we had been sold for bondmen and bondwomen, I had held my peace, for the adversary is not worthy that the king be endamaged.

(ה) וַיֹּאמֶר הַמֶּלֶךְ אֲחַשְׁוֵרוֹשׁ וַיֹּאמֶר לְאֶסְתֵּר הַמַּלְכָּה מִי הוּא זֶה וְאֵי־זֶה הוּא אֲשֶׁר מְלָאוֹ לִבּוֹ לַעֲשׂוֹת כֵּן:

Then spoke the king Ahasuerus and said unto Esther the queen: Who is he, and where is he, that durst presume in his heart to do so.

(ו) וַתֹּאמֶר אֶסְתֵּר אִישׁ צַר וְאוֹיֵב הָמָן הָרָע הַזֶּה וְהָמָן נִבְעַת מִלִּפְנֵי הַמֶּלֶךְ וְהַמַּלְכָּה:

And Esther said: An adversary and an enemy, even this wicked Haman. Then Haman was terrified before the king and the queen.

(ז) וְהַמֶּלֶךְ קָם בַּחֲמָתוֹ מִמִּשְׁתֵּה הַיַּיִן אֶל גִּנַּת

הַבִּיתָ֑ן וְהָמָ֣ן עָמַ֗ד לְבַקֵּ֤שׁ עַל נַפְשׁוֹ֙ מֵֽאֶסְתֵּ֣ר
הַמַּלְכָּ֔ה כִּ֣י רָאָ֔ה כִּי כָלְתָ֥ה אֵלָ֛יו הָרָעָ֖ה מֵאֵ֥ת
הַמֶּֽלֶךְ׃

And the king arose in his wrath from the banquet of wine and went into the palace garden, but Haman remained to make request for his life to Esther the queen, for he saw that there was evil determined against him by the king.

(ח) וְהַמֶּ֡לֶךְ שָׁ֨ב מִגִּנַּ֜ת הַבִּיתָ֗ן אֶל בֵּ֣ית ׀ מִשְׁתֵּ֣ה הַיַּ֗יִן
וְהָמָן֙ נֹפֵ֔ל עַל הַמִּטָּה֙ אֲשֶׁ֣ר אֶסְתֵּ֣ר עָלֶ֔יהָ וַיֹּ֣אמֶר
הַמֶּ֔לֶךְ הֲ֠גַם לִכְבּ֧וֹשׁ אֶת הַמַּלְכָּ֛ה עִמִּ֖י בַּבָּ֑יִת
הַדָּבָ֗ר יָצָא֙ מִפִּ֣י הַמֶּ֔לֶךְ וּפְנֵ֥י הָמָ֖ן חָפֽוּ׃

Then the king returned out of the palace garden into the place of the banquet of wine, and Haman was fallen upon the couch whereon Esther was. Then said the king: Will

Megillat Esther פרק ז' מגילת אסתר

he even force the queen before me in the house, As the word went out of the king's mouth, they covered Haman's face.

(ט) וַיֹּאמֶר חַרְבוֹנָה אֶחָד מִן הַסָּרִיסִים לִפְנֵי הַמֶּלֶךְ גַּם הִנֵּה הָעֵץ אֲשֶׁר עָשָׂה הָמָן לְמָרְדֳּכַי אֲשֶׁר דִּבֶּר טוֹב עַל הַמֶּלֶךְ עֹמֵד בְּבֵית הָמָן גָּבֹהַּ חֲמִשִּׁים אַמָּה וַיֹּאמֶר הַמֶּלֶךְ תְּלֻהוּ עָלָיו:

Then said Harbonah, one of the chamberlains that were before the king: Behold also, the gallows fifty cubits high, which Haman hath made for Mordecai, who spoke good for the king, standeth in the house of Haman. And the king said: Hang him thereon.

(י) וַיִּתְלוּ אֶת הָמָן עַל הָעֵץ אֲשֶׁר הֵכִין לְמָרְדֳּכָי וַחֲמַת הַמֶּלֶךְ שָׁכָכָה:

So, they hanged Haman on the gallows that he had prepared for Mordecai. Then was the king's wrath assuaged.

פֶּרֶק ח'

(א) בַּיּוֹם הַהוּא נָתַן הַמֶּלֶךְ אֲחַשְׁוֵרוֹשׁ לְאֶסְתֵּר
הַמַּלְכָּה אֶת בֵּית הָמָן צֹרֵר הַיְּהוּדִים[1] וּמָרְדֳּכַי בָּא
לִפְנֵי הַמֶּלֶךְ כִּי הִגִּידָה אֶסְתֵּר מַה הוּא לָהּ:

On that day did the king Ahasuerus give the house of Haman the Jews enemy unto Esther the queen. And Mordecai came before the king; for Esther had told what he was unto her

(ב) וַיָּסַר הַמֶּלֶךְ אֶת טַבַּעְתּוֹ אֲשֶׁר הֶעֱבִיר מֵהָמָן
וַיִּתְּנָהּ לְמָרְדֳּכָי וַתָּשֶׂם אֶסְתֵּר אֶת מָרְדֳּכַי עַל בֵּית
הָמָן:

And the king took off his ring, which he had taken from Haman, and gave it unto Mordecai. And Esther set Mordecai over the house of Haman.

(ג) וַתּוֹסֶף אֶסְתֵּר וַתְּדַבֵּר לִפְנֵי הַמֶּלֶךְ וַתִּפֹּל לִפְנֵי
רַגְלָיו וַתֵּבְךְּ וַתִּתְחַנֶּן לוֹ לְהַעֲבִיר אֶת רָעַת הָמָן
הָאֲגָגִי וְאֵת מַחֲשַׁבְתּוֹ אֲשֶׁר חָשַׁב עַל הַיְּהוּדִים:

---

[1] כתיב - היהודיים

And Esther spoke yet again before the king, and fell down at his feet, and besought him with tears to put away the mischief of Haman the Agagite, and his device that he had devised against the Jews.

(ד) וַיּוֹשֶׁט הַמֶּלֶךְ לְאֶסְתֵּר אֵת שַׁרְבִט הַזָּהָב וַתָּקָם
אֶסְתֵּר וַתַּעֲמֹד לִפְנֵי הַמֶּלֶךְ׃

Then the king held out to Esther the golden sceptre. So, Esther arose, and stood before the king.

(ה) וַתֹּאמֶר אִם עַל הַמֶּלֶךְ טוֹב וְאִם מָצָאתִי חֵן
לְפָנָיו וְכָשֵׁר הַדָּבָר לִפְנֵי הַמֶּלֶךְ וְטוֹבָה אֲנִי בְּעֵינָיו
יִכָּתֵב לְהָשִׁיב אֶת הַסְּפָרִים מַחֲשֶׁבֶת הָמָן בֶּן
הַמְּדָתָא הָאֲגָגִי אֲשֶׁר כָּתַב לְאַבֵּד אֶת הַיְּהוּדִים
אֲשֶׁר בְּכָל מְדִינוֹת הַמֶּלֶךְ׃

And she said: If it please the king, and if I have found favour in his sight, and the thing seem right before the king, and I be pleasing in his eyes, let it be written to reverse the letters devised by Haman the son of Hammedatha the Agagite, which he wrote to destroy the Jews that are in all the king's provinces.

(ו) כִּי אֵיכָכָה אוֹכַל וְרָאִיתִי בָּרָעָה אֲשֶׁר יִמְצָא אֶת
עַמִּי וְאֵיכָכָה אוֹכַל וְרָאִיתִי בְּאָבְדַן מוֹלַדְתִּי׃

For how can I endure to see the evil that shall come unto my people? or how can I endure to see the destruction of my kindred.

(ז) וַיֹּאמֶר הַמֶּלֶךְ אֲחַשְׁוֵרוֹשׁ לְאֶסְתֵּר הַמַּלְכָּה
וּלְמָרְדֳּכַי הַיְּהוּדִי הִנֵּה בֵית הָמָן נָתַתִּי לְאֶסְתֵּר
וְאֹתוֹ תָּלוּ עַל הָעֵץ עַל אֲשֶׁר שָׁלַח יָדוֹ בַּיְּהוּדִים[2]׃

Then the king Ahasuerus said unto Esther the queen and to Mordecai the Jew: Behold, I have given Esther the house of Haman, and him they have hanged upon the gallows, because he laid his hand upon the Jews.

(ח) וְאַתֶּם כִּתְבוּ עַל הַיְּהוּדִים כַּטּוֹב בְּעֵינֵיכֶם
בְּשֵׁם הַמֶּלֶךְ וְחִתְמוּ בְּטַבַּעַת הַמֶּלֶךְ כִּי כְתָב
אֲשֶׁר נִכְתָּב בְּשֵׁם הַמֶּלֶךְ וְנַחְתּוֹם בְּטַבַּעַת הַמֶּלֶךְ
אֵין לְהָשִׁיב׃

Write ye also concerning the Jews, as it liketh you, in the king's name, and seal it with the king's ring; for the writing which is written in the king's name, and sealed with the king's ring, may no man reverse.

(ט) וַיִּקָּרְאוּ סֹפְרֵי הַמֶּלֶךְ בָּעֵת הַהִיא בַּחֹדֶשׁ
הַשְּׁלִישִׁי הוּא חֹדֶשׁ סִיוָן בִּשְׁלוֹשָׁה וְעֶשְׂרִים בּוֹ
וַיִּכָּתֵב כְּכָל אֲשֶׁר צִוָּה מָרְדֳּכַי אֶל הַיְּהוּדִים וְאֶל

[2] כתיב - ביהודיים

הָאֲחַשְׁדַּרְפְּנִים וְהַפַּחוֹת וְשָׂרֵי הַמְּדִינוֹת אֲשֶׁר ׀
מֵהֹדּוּ וְעַד כּוּשׁ שֶׁבַע וְעֶשְׂרִים וּמֵאָה מְדִינָה
מְדִינָה וּמְדִינָה כִּכְתָבָהּ וְעַם וָעָם כִּלְשֹׁנוֹ וְאֶל
הַיְּהוּדִים כִּכְתָבָם וְכִלְשׁוֹנָם׃

Then were the king's scribes called at that time, in the third month, which is the month Sivan, on the three and twentieth day thereof, and it was written according to all that Mordecai commanded concerning the Jews, even to the satraps, and the governors and princes of the provinces which are from India unto Ethiopia, a hundred twenty and seven provinces, unto every province according to the writing thereof, and unto every people after their language, and to the Jews according to their writing, and according to their language.

(י) וַיִּכְתֹּב בְּשֵׁם הַמֶּלֶךְ אֲחַשְׁוֵרֹשׁ וַיַּחְתֹּם בְּטַבַּעַת
הַמֶּלֶךְ וַיִּשְׁלַח סְפָרִים בְּיַד הָרָצִים בַּסּוּסִים רֹכְבֵי
הָרֶכֶשׁ הָאֲחַשְׁתְּרָנִים בְּנֵי הָרַמָּכִים׃

And they wrote in the name of king Ahasuerus, and sealed it with the king's ring, and sent letters by posts on horseback, riding on swift steeds that were used in the king's service, bred of the stud.

(יא) אֲשֶׁר נָתַן הַמֶּלֶךְ לַיְּהוּדִים ׀ אֲשֶׁר בְּכָל עִיר

Megillat Esther — פרק ח' — מגילת אסתר

וָעִיר לְהִקָּהֵל וְלַעֲמֹד עַל נַפְשָׁם לְהַשְׁמִיד וְלַהֲרֹג וּלְאַבֵּד אֶת כָּל חֵיל עַם וּמְדִינָה הַצָּרִים אֹתָם טַף וְנָשִׁים וּשְׁלָלָם לָבוֹז:

That the king had granted the Jews that were in every city to gather themselves together, and to stand for their life, to destroy, and to slay, and to cause to perish, all the forces of the people and province that would assault them, their little ones and women, and to take the spoil of them for a prey.

(יב) בְּיוֹם אֶחָד בְּכָל מְדִינוֹת הַמֶּלֶךְ אֲחַשְׁוֵרוֹשׁ בִּשְׁלוֹשָׁה עָשָׂר לְחֹדֶשׁ שְׁנֵים עָשָׂר הוּא חֹדֶשׁ אֲדָר:

Upon one day in all the provinces of king Ahasuerus, namely, upon the thirteenth day of the twelfth month, which is the month Adar.

(יג) פַּתְשֶׁגֶן הַכְּתָב לְהִנָּתֵן דָּת בְּכָל מְדִינָה וּמְדִינָה גָּלוּי לְכָל הָעַמִּים וְלִהְיוֹת הַיְּהוּדִים[3] עֲתִידִים[4] לַיּוֹם הַזֶּה לְהִנָּקֵם מֵאֹיְבֵיהֶם:

The copy of the writing, to be given out for a decree in every province, was to be published unto all the peoples, and that the Jews should be

---

[3] כתיב - היהודיים
[4] כתיב - עתודים

Megillat Esther — פרק ח׳ — מגילת אסתר

ready against that day to avenge themselves on their enemies.

(יד) הָרָצִים רֹכְבֵי הָרֶכֶשׁ הָאֲחַשְׁתְּרָנִים יָצְאוּ מְבֹהָלִים וּדְחוּפִים בִּדְבַר הַמֶּלֶךְ וְהַדָּת נִתְּנָה בְּשׁוּשַׁן הַבִּירָה:

So, the posts that rode upon swift steeds that were used in the king's service went out, being hastened and pressed on by the king's commandment; and the decree was given out in Shushan the castle.

(טו) וּמָרְדֳּכַי יָצָא | מִלִּפְנֵי הַמֶּלֶךְ בִּלְבוּשׁ מַלְכוּת תְּכֵלֶת וָחוּר וַעֲטֶרֶת זָהָב גְּדוֹלָה וְתַכְרִיךְ בּוּץ וְאַרְגָּמָן וְהָעִיר שׁוּשָׁן צָהֲלָה וְשָׂמֵחָה:

And Mordecai went forth from the presence of the king in royal apparel of blue and white, and with a great crown of gold, and with a robe of fine linen and purple; and the city of Shushan shouted and was glad.

(טז) לַיְּהוּדִים הָיְתָה אוֹרָה וְשִׂמְחָה וְשָׂשֹׂן וִיקָר:

The Jews had light and gladness, and joy and

מגילת אסתר

פרק ח'

honour.

(יז) וּבְכָל מְדִינָה וּמְדִינָה וּבְכָל עִיר וָעִיר מְקוֹם אֲשֶׁר דְּבַר הַמֶּלֶךְ וְדָתוֹ מַגִּיעַ שִׂמְחָה וְשָׂשׂוֹן לַיְּהוּדִים מִשְׁתֶּה וְיוֹם טוֹב וְרַבִּים מֵעַמֵּי הָאָרֶץ מִתְיַהֲדִים כִּי נָפַל פַּחַד הַיְּהוּדִים עֲלֵיהֶם:

And in every province, and in every city, whithersoever the king's commandment and his decree came, the Jews had gladness and joy, a feast and a good day. And many from among the peoples of the land became Jews; for the fear of the Jews was fallen upon them.

פֶּרֶק ט'

(א) וּבִשְׁנֵים֩ עָשָׂ֨ר חֹ֜דֶשׁ הוּא־חֹ֣דֶשׁ אֲדָ֗ר בִּשְׁלוֹשָׁ֨ה
עָשָׂ֥ר יוֹם֙ בּ֔וֹ אֲשֶׁ֨ר הִגִּ֧יעַ דְּבַר־הַמֶּ֛לֶךְ וְדָת֖וֹ
לְהֵעָשׂ֑וֹת בַּיּ֗וֹם אֲשֶׁ֨ר שִׂבְּר֜וּ אֹיְבֵ֤י הַיְּהוּדִים֙
לִשְׁל֣וֹט בָּהֶ֔ם וְנַהֲפ֣וֹךְ ה֔וּא אֲשֶׁ֨ר יִשְׁלְט֧וּ הַיְּהוּדִ֛ים
הֵ֖מָּה בְּשֹׂנְאֵיהֶֽם׃

Now in the twelfth month, which is the month Adar, on the thirteenth day of the same, when the king's commandment and his decree drew near to be put in execution, in the day that the enemies of the Jews hoped to have rule over them, whereas it was turned to the contrary, that the Jews had rule over them that hated them.

(ב) נִקְהֲל֨וּ הַיְּהוּדִ֜ים בְּעָרֵיהֶ֗ם בְּכָל־מְדִינוֹת֙ הַמֶּ֣לֶךְ
אֲחַשְׁוֵר֔וֹשׁ לִשְׁלֹ֣חַ יָ֔ד בִּמְבַקְשֵׁ֖י רָֽעָתָ֑ם וְאִישׁ֙ לֹא־
עָמַ֣ד לִפְנֵיהֶ֔ם כִּֽי־נָפַ֥ל פַּחְדָּ֖ם עַל־כָּל־הָעַמִּֽים׃

the Jews gathered themselves together in their cities throughout all the provinces of the king Ahasuerus, to lay hand on such as sought their hurt, and no man could withstand them, for the fear of them was fallen upon all the peoples.

(ג) וְכָל־שָׂרֵ֨י הַמְּדִינ֜וֹת וְהָאֲחַשְׁדַּרְפְּנִ֣ים וְהַפַּח֗וֹת

Megillat Esther פרק ט' מְגִילַּת אֶסְתֵּר

וְעֹשֵׂי הַמְּלָאכָה אֲשֶׁר לַמֶּלֶךְ מְנַשְּׂאִים אֶת הַיְּהוּדִים כִּי נָפַל פַּחַד מָרְדֳּכַי עֲלֵיהֶם׃

And all the princes of the provinces, and the satraps, and the governors, and they that did the king's business, helped the Jews, because the fear of Mordecai was fallen upon them.

(ד) כִּי גָדוֹל מָרְדֳּכַי בְּבֵית הַמֶּלֶךְ וְשָׁמְעוֹ הוֹלֵךְ בְּכָל הַמְּדִינוֹת כִּי הָאִישׁ מָרְדֳּכַי הוֹלֵךְ וְגָדוֹל׃

For Mordecai was great in the king's house, and his fame went forth throughout all the provinces, for the man Mordecai waxed greater and greater.

(ה) וַיַּכּוּ הַיְּהוּדִים בְּכָל אֹיְבֵיהֶם מַכַּת חֶרֶב וְהֶרֶג וְאַבְדָן וַיַּעֲשׂוּ בְשֹׂנְאֵיהֶם כִּרְצוֹנָם׃

And the Jews smote all their enemies with the stroke of the sword, and with slaughter and destruction, and did what they would unto them that hated them.

(ו) וּבְשׁוּשַׁן הַבִּירָה הָרְגוּ הַיְּהוּדִים וְאַבֵּד חֲמֵשׁ מֵאוֹת:

In the fortress Shushan the Jews killed a total of five hundred men.

(ו) (ז) (ח) (ט)

אִישׁ וְאֵת
פַּרְשַׁנְדָּתָא וְאֵת
דַּלְפוֹן וְאֵת
אַסְפָּתָא וְאֵת
פּוֹרָתָא וְאֵת
אֲדַלְיָא וְאֵת
אֲרִידָתָא: וְאֵת
פַּרְמַשְׁתָּא וְאֵת
אֲרִיסַי וְאֵת
אֲרִדַי וְאֵת
וַיְזָתָא: עֲשֶׂרֶת

And Parshandatha, and Dalphon, and Aspatha, And Poratha, and Adalia, and Aridatha, And Parmashta, and Arisai, and Aridai, and Vaizatha.

(י) בְּנֵ֨י הָמָ֧ן בֶּֽן הַמְּדָ֛תָא צֹרֵ֥ר הַיְּהוּדִ֖ים הָרָ֑גוּ וּבַּ֨בִּזָּ֔ה
לֹ֥א שָֽׁלְח֖וּ אֶת יָדָֽם׃

The ten sons of Haman the son of Hammedatha, the Jews' enemy, slew they, but on the spoil they laid not their hand.

(יא) בַּיּ֣וֹם הַה֗וּא בָּ֣א מִסְפַּ֧ר הַהֲרוּגִ֛ים בְּשׁוּשַׁ֥ן
הַבִּירָ֖ה לִפְנֵ֥י הַמֶּֽלֶךְ׃

On that day the number of those that were slain in Shushan the castle was brought before the king.

(יב) וַיֹּ֨אמֶר הַמֶּ֜לֶךְ לְאֶסְתֵּ֣ר הַמַּלְכָּ֗ה בְּשׁוּשַׁ֣ן
הַבִּירָ֡ה הָרְגוּ֩ הַיְּהוּדִ֨ים וְאַבֵּ֜ד חֲמֵ֧שׁ מֵא֣וֹת אִ֗ישׁ
וְאֵת֙ עֲשֶׂ֣רֶת בְּנֵ֔י הָמָ֔ן בִּשְׁאָ֛ר מְדִינ֥וֹת הַמֶּ֖לֶךְ מֶ֣ה
עָשׂ֑וּ וּמַה שְּׁאֵֽלָתֵךְ֙ וְיִנָּ֣תֵֽן לָ֔ךְ וּמַה בַּקָּשָׁתֵ֥ךְ ע֖וֹד
וְתֵעָֽשׂ׃

And the king said unto Esther the queen: The

אחשורוש ואסתר יושבים על כסא המלכות

Jews have slain and destroyed five hundred men in Shushan the castle, and the ten sons of Haman, what then have they done in the rest of the king's provinces! Now whatever thy petition, it shall be granted thee, and whatever thy request further, it shall be done.

(יג) וַתֹּאמֶר אֶסְתֵּר אִם עַל הַמֶּלֶךְ טוֹב יִנָּתֵן גַּם
מָחָר לַיְּהוּדִים אֲשֶׁר בְּשׁוּשָׁן לַעֲשׂוֹת כְּדָת הַיּוֹם
וְאֵת עֲשֶׂרֶת בְּנֵי הָמָן יִתְלוּ עַל הָעֵץ׃

Then said Esther: If it please the king, let it be granted to the Jews that are in Shushan to do to morrow also according unto this day's decree, and let Haman's ten sons be hanged upon the gallows.

(יד) וַיֹּאמֶר הַמֶּלֶךְ לְהֵעָשׂוֹת כֵּן וַתִּנָּתֵן דָּת בְּשׁוּשָׁן
וְאֵת עֲשֶׂרֶת בְּנֵי הָמָן תָּלוּ׃

And the king commanded it so to be done, and a decree was given out in Shushan, and they hanged Haman's ten sons.

(טו) וַיִּקָּהֲלוּ הַיְּהוּדִים[1] אֲשֶׁר בְּשׁוּשָׁן גַּם בְּיוֹם

[1] כתיב - היהודיים

Megillat Esther פרק ט'

אַרְבָּעָה עָשָׂר לְחֹדֶשׁ אֲדָר וַיַּהַרְגוּ בְשׁוּשָׁן שְׁלֹשׁ מֵאוֹת אִישׁ וּבַבִּזָּה לֹא שָׁלְחוּ אֶת יָדָם:

And the Jews that were in Shushan gathered themselves together on the fourteenth day also of the month Adar, and slew three hundred men in Shushan, but on the spoil they laid not their hand.

(טז) וּשְׁאָר הַיְּהוּדִים אֲשֶׁר בִּמְדִינוֹת הַמֶּלֶךְ נִקְהֲלוּ וְעָמֹד עַל נַפְשָׁם וְנוֹחַ מֵאֹיְבֵיהֶם וְהָרֹג בְּשֹׂנְאֵיהֶם חֲמִשָּׁה וְשִׁבְעִים אָלֶף וּבַבִּזָּה לֹא שָׁלְחוּ אֶת יָדָם:

And the other Jews that were in the king's provinces gathered themselves together, and stood for their lives, and had rest from their enemies, and slew of them that hated them seventy and five thousand but, on the spoil, they laid not their hand.

(יז) בְּיוֹם שְׁלֹשָׁה עָשָׂר לְחֹדֶשׁ אֲדָר וְנוֹחַ בְּאַרְבָּעָה עָשָׂר בּוֹ וְעָשֹׂה אֹתוֹ יוֹם מִשְׁתֶּה וְשִׂמְחָה:

On the thirteenth day of the month Adar, and on the fourteenth day of the same they rested, and made it a day of feasting and gladness.

(יח) וְהַיְּהוּדִים² אֲשֶׁר בְּשׁוּשָׁן נִקְהֲלוּ בִּשְׁלֹשָׁה עָשָׂר בּוֹ וּבְאַרְבָּעָה עָשָׂר בּוֹ וְנוֹחַ בַּחֲמִשָּׁה עָשָׂר בּוֹ

---

² כתיב - והיהודיים

וְעָשֹׂ֣ה אֹת֔וֹ י֖וֹם מִשְׁתֶּ֥ה וְשִׂמְחָֽה׃

But the Jews that were in Shushan assembled together on the thirteenth day thereof, and on the fourteenth thereof, and on the fifteenth day of the same they rested, and made it a day of feasting and gladness.

(יט) עַל כֵּ֞ן הַיְּהוּדִ֣ים הַפְּרָזִ֗ים[3] הַיֹּֽשְׁבִים֮ בְּעָרֵ֣י הַפְּרָזוֹת֒ עֹשִׂ֗ים אֵ֠ת י֣וֹם אַרְבָּעָ֤ה עָשָׂר֙ לְחֹ֣דֶשׁ אֲדָ֔ר שִׂמְחָ֥ה וּמִשְׁתֶּ֖ה וְי֣וֹם ט֑וֹב וּמִשְׁל֥וֹחַ מָנ֖וֹת אִ֥ישׁ לְרֵעֵֽהוּ׃

Therefore, do the Jews of the villages, that dwell in the unwalled towns, make the fourteenth day of the month Adar a day of gladness and feasting, and a good day, and of sending portions one to another.

(כ) וַיִּכְתֹּ֣ב מָרְדֳּכַ֔י אֶת הַדְּבָרִ֖ים הָאֵ֑לֶּה וַיִּשְׁלַ֨ח סְפָרִ֜ים אֶל כָּל הַיְּהוּדִ֗ים אֲשֶׁר֙ בְּכָל מְדִינוֹת֙ הַמֶּ֣לֶךְ אֲחַשְׁוֵר֔וֹשׁ הַקְּרוֹבִ֖ים וְהָרְחוֹקִֽים׃

And Mordecai wrote these things, and sent letters unto all the Jews that were in all the provinces of the king Ahasuerus, both nigh and far.

(כא) לְקַיֵּם֮ עֲלֵיהֶם֒ לִהְי֣וֹת עֹשִׂ֗ים אֵ֠ת י֣וֹם אַרְבָּעָ֤ה

[3] כתיב - הפרוזים

Megillat Esther — פרק ט׳

עָשָׂר לְחֹדֶשׁ אֲדָר וְאֵת יוֹם חֲמִשָּׁה עָשָׂר בּוֹ בְּכָל שָׁנָה וְשָׁנָה:

To enjoin them that they should keep the fourteenth day of the month Adar, and the fifteenth day of the same, yearly.

(כב) כַּיָּמִים אֲשֶׁר נָחוּ בָהֶם הַיְּהוּדִים מֵאוֹיְבֵיהֶם וְהַחֹדֶשׁ אֲשֶׁר נֶהְפַּךְ לָהֶם מִיָּגוֹן לְשִׂמְחָה וּמֵאֵבֶל לְיוֹם טוֹב לַעֲשׂוֹת אוֹתָם יְמֵי מִשְׁתֶּה וְשִׂמְחָה וּמִשְׁלוֹחַ מָנוֹת אִישׁ לְרֵעֵהוּ וּמַתָּנוֹת לָאֶבְיוֹנִים:

The days wherein the Jews had rest from their enemies, and the month which was turned unto them from sorrow to gladness, and from mourning into a good day, that they should make them days of feasting and gladness, and of sending portions one to another, and gifts to the poor.

(כג) וְקִבֵּל הַיְּהוּדִים אֵת אֲשֶׁר הֵחֵלּוּ לַעֲשׂוֹת וְאֵת אֲשֶׁר כָּתַב מָרְדֳּכַי אֲלֵיהֶם:

And the Jews took upon them to do as they had begun, and as Mordecai had written unto them.

(כד) כִּי הָמָן בֶּן הַמְּדָתָא הָאֲגָגִי צֹרֵר כָּל הַיְּהוּדִים חָשַׁב עַל הַיְּהוּדִים לְאַבְּדָם וְהִפִּיל פּוּר הוּא הַגּוֹרָל לְהֻמָּם וּלְאַבְּדָם:

Because Haman the son of Hammedatha, the

Megillat Esther
פרק ט' — מְגִילַת אֶסְתֵּר

Agagite, the enemy of all the Jews, had devised against the Jews to destroy them, and had cast pur, that is, the lot, to discomfit them, and to destroy them.

(כה) וּבְבֹאָהּ לִפְנֵי הַמֶּלֶךְ אָמַר עִם הַסֵּפֶר יָשׁוּב מַחֲשַׁבְתּוֹ הָרָעָה אֲשֶׁר חָשַׁב עַל הַיְּהוּדִים עַל רֹאשׁוֹ וְתָלוּ אֹתוֹ וְאֶת בָּנָיו עַל הָעֵץ:

But when she came before the king, he commanded by letters that his wicked device, which he had devised against the Jews, should return upon his own head, and that he and his sons should be hanged on the gallows.

(כו) עַל כֵּן קָרְאוּ לַיָּמִים הָאֵלֶּה פוּרִים עַל שֵׁם הַפּוּר עַל כֵּן עַל כָּל דִּבְרֵי הָאִגֶּרֶת הַזֹּאת וּמָה רָאוּ עַל כָּכָה וּמָה הִגִּיעַ אֲלֵיהֶם:

Wherefore they called these days Purim, after the name of pur. Therefore because of all the words of this letter, and of that which they had seen concerning this matter, and that which had come unto them.

(כז) קִיְּמוּ וְקִבְּלוּ[4] הַיְּהוּדִים ׀ עֲלֵיהֶם ׀ וְעַל זַרְעָם וְעַל כָּל הַנִּלְוִים עֲלֵיהֶם וְלֹא יַעֲבוֹר לִהְיוֹת עֹשִׂים אֵת שְׁנֵי הַיָּמִים הָאֵלֶּה כִּכְתָבָם וְכִזְמַנָּם בְּכָל שָׁנָה

---

[4] כתיב - וקבל

וְשָׁנָה׃

The Jews ordained, and took upon them, and upon their seed, and upon all such as joined themselves unto them, so as it should not fail, that they would keep these two days according to the writing thereof, and according to the appointed time thereof, every year.

(כח) וְהַיָּמִים הָאֵלֶּה נִזְכָּרִים וְנַעֲשִׂים בְּכָל דּוֹר וָדוֹר
מִשְׁפָּחָה וּמִשְׁפָּחָה מְדִינָה וּמְדִינָה וְעִיר וָעִיר וִימֵי
הַפּוּרִים הָאֵלֶּה לֹא יַעַבְרוּ מִתּוֹךְ הַיְּהוּדִים וְזִכְרָם
לֹא יָסוּף מִזַּרְעָם׃

and that these days should be remembered and kept throughout every generation, every family, every province, and every city, and that these days of Purim should not fail from among the Jews, nor the memorial of them perish from their seed.

(כט) וַתִּכְתֹּב אֶסְתֵּר הַמַּלְכָּה בַת אֲבִיחַיִל וּמָרְדֳּכַי
הַיְּהוּדִי אֶת כָּל תֹּקֶף לְקַיֵּם אֵת אִגֶּרֶת הַפֻּרִים
הַזֹּאת הַשֵּׁנִית׃

Then Esther the queen, the daughter of Abihail, and Mordecai the Jew, wrote down all the acts of power, to confirm this second letter of Purim.

(ל) וַיִּשְׁלַח סְפָרִים אֶל כָּל הַיְּהוּדִים אֶל שֶׁבַע

וְעֶשְׂרִ֤ים וּמֵאָה֙ מְדִינָ֔ה מַלְכ֖וּת אֲחַשְׁוֵר֑וֹשׁ דִּבְרֵ֥י שָׁל֖וֹם וֶאֱמֶֽת׃

And he sent letters unto all the Jews, to the hundred twenty and seven provinces of the kingdom of Ahasuerus, with words of peace and truth.

(לא) לְקַיֵּ֡ם אֶת יְמֵי֩ הַפֻּרִ֨ים הָאֵ֜לֶּה בִּזְמַנֵּיהֶ֗ם כַּאֲשֶׁר֩ קִיַּ֨ם עֲלֵיהֶ֜ם מָרְדֳּכַ֤י הַיְּהוּדִי֙ וְאֶסְתֵּ֣ר הַמַּלְכָּ֔ה וְכַאֲשֶׁ֥ר קִיְּמ֖וּ עַל נַפְשָׁ֣ם וְעַל זַרְעָ֑ם דִּבְרֵ֥י הַצֹּמ֖וֹת וְזַעֲקָתָֽם׃

To confirm these days of Purim in their appointed times, according as Mordecai the Jew and Esther the queen had enjoined them, and as they had ordained for themselves and for their seed, the matters of the fastings and their cry.

(לב) וּמַאֲמַ֣ר אֶסְתֵּ֔ר קִיַּ֕ם דִּבְרֵ֥י הַפֻּרִ֖ים הָאֵ֑לֶּה וְנִכְתָּ֖ב בַּסֵּֽפֶר׃

And the commandment of Esther confirmed these matters of Purim, and it was written in the book.

פֶּרֶק י'

(א) וַיָּשֶׂם֩ הַמֶּ֨לֶךְ אֲחַשְׁוֵרֹ֧שׁ[1] ׀ מַ֛ס עַל הָאָ֖רֶץ וְאִיֵּ֥י
הַיָּֽם׃

And the king Ahasuerus laid a tribute upon the land, and upon the isles of the sea.

(ב) וְכָל מַעֲשֵׂ֤ה תָקְפּוֹ֙ וּגְב֣וּרָת֔וֹ וּפָרָשַׁת֙ גְּדֻלַּ֣ת
מָרְדֳּכַ֔י אֲשֶׁ֥ר גִּדְּל֖וֹ הַמֶּ֑לֶךְ הֲלוֹא הֵ֣ם כְּתוּבִ֗ים עַל
סֵ֙פֶר֙ דִּבְרֵ֣י הַיָּמִ֔ים לְמַלְכֵ֖י מָדַ֥י וּפָרָֽס׃

And all the acts of his power and of his might, and the full account of the greatness of Mordecai, how the king advanced him, are they not written in the book of the chronicles of the kings of Media and Persia.

(ג) כִּ֣י ׀ מָרְדֳּכַ֣י הַיְּהוּדִ֗י מִשְׁנֶה֙ לַמֶּ֣לֶךְ אֲחַשְׁוֵר֔וֹשׁ
וְגָדוֹל֙ לַיְּהוּדִ֔ים וְרָצ֖וּי לְרֹ֣ב אֶחָ֑יו דֹּרֵ֥שׁ טוֹב֙ לְעַמּ֔וֹ
וְדֹבֵ֥ר שָׁל֖וֹם לְכָל זַרְעֽוֹ׃

For Mordecai the Jew was next unto king Ahasuerus, and great among the Jews, and accepted of the multitude of his brethren; seeking the good of his people and speaking peace to all his seed.

---

[1] כתיב - אחשרש

מְגִילַת אֶסְתֵּר — פרק י'

בָּרוּךְ אַתָּה ה', אֱלֹהֵינוּ מֶלֶךְ הָעוֹלָם,

הָרָב אֶת רִיבֵנוּ,

וְהַדָּן אֶת דִּינֵנוּ,

וְהַנּוֹקֵם אֶת נִקְמָתֵנוּ,

וְהַמְשַׁלֵּם גְּמוּל לְכָל אוֹיְבֵי נַפְשֵׁנוּ,

וְהַנִּפְרָע לָנוּ מִצָּרֵינוּ.

בָּרוּךְ אַתָּה ה', הַנִּפְרָע לְעַמּוֹ יִשְׂרָאֵל מִכָּל צָרֵיהֶם, הָאֵל הַמּוֹשִׁיעַ.

Megillat Esther   פרק י'   מגילת אסתר

www.ingramcontent.com/pod-product-compliance
Lightning Source LLC
Chambersburg PA
CBHW052122070526
44586CB00016B/2049
* 9 7 8 1 6 1 7 0 4 6 6 1 2 *